Umweltschutz
Was wir falsch machen

Maximilian Ulrich Ziegler

Copyright

Dossier: Umweltschutz – Was wir falsch machen

1. gedruckte Auflage. Januar 2021. Nach dem überarbeiteten Konzept von Februar 2020.

ISBN: 978-3-347-21597-9 (Paperback)
       978-3-347-21598-6 (Hardcover)
       978-3-347-21599-3 (e-Book)

Verlag und Druck:

Tredition Verlag,

tredition GmbH, Halenreie 42, 22359 Hamburg

Umweltschutz

Was wir falsch machen

Inhalt

Politik für oder gegen den Klimawandel?
– Eine Bewertung der Methodiken

Eine oft verwendete Redewendung lautet: „Etwas für den Klimawandel tun" – wobei man doch das genaue Gegenteil meint – etwas für den Umweltschutz und gegen den Klimawandel zu tun. Dabei spricht man damit oft eigentlich genau das aus, was man wirklich tut, und zwar das Gegenteil von dem, was man eigentlich will.

Übersicht:

A. Problematische Problemlösungswege

    1.   Elektro & Solar
    2.   Import & Export
    3.   Aktuelle Umweltpolitik Energiequelle der Zukunft
    4.   Mobilität
    5.   Recycling von Plastik

B. Verantwortungsvolle Vorschläge

    1.   Regionalität
    2.   Mobilitätskonzepte
    3.   Portrait einer Zukunfts- und Umweltbewegung: Fridays for Hubraum

Klimawandel auf Kosten der ethnischen Minderheiten? Auf Kosten von Kindersklaven? Traurig, aber wahr.

Laut der Neuen Züricher Zeitung und den Sky News (oben) fördern jene Kindersklaven Cobalt, ein Rohstoff aus dem Lithium-Ionen-Akkus hauptsächlich bestehen. Diese Akkus sind dann in sämtlichen smarten Geräten und auch in den Elektroautos zu finden – überall in entsprechender Größe und entsprechendem Gewicht: ein paar hundert Gramm bis ein paar Kilogramm. Allein aufgrund von E-Mobilität soll sich die Kinderarbeit in den kommenden Jahren verfünffachen.

Das alles, obwohl es andere Methoden gibt, um dem Klimawandel entgegenwirken. Methoden, die noch dazu viel effektiver sind. Auf diese wird in Abschnitt A.4 genauer eingegangen.

Ethisch ist das Thema Elektro(-mobilität) somit nicht nur völlig untragbar; das ist ein beispielloser Verstoß gegen die Menschenrechte. Das ist ein Verstoß, den nicht nur diejenigen zu verantworten haben, die die Kinder im Produktionsprozess misshandeln, denn vor allem auch wir alle als Verbraucher bzw. Nutzer verursachen diesen. Und damit sollte uns auch unmissverständlich klar dein, dass hiermit jeder, der dies gerade liest, sowie jeder Bewohner der westlichen Sphäre gemeint. Durch das Mobilitätskonzept, die Forderung der Förderung von Elektro durch Fridays for Future sind alle die dem Aufruf gefolgt sind, entsprechend gewählt und Petitionen unterschrieben haben und darüber hinaus durch unser Konsumverhalten zu Vergewaltigern, Verbrechern und Mördern geworden. Denn die Lehmwände der Bergstollen, in denen die Kindersklaven die begehrte Ressource für

10

unsere Akkus fördern, sind aal glatt, es gibt keine Sicherung und die Tunnel brechen oft ein, wenn der Boden aufweicht. Aber ist das nicht nur eine Randerscheinung? Leider nicht, denn jedes Unternehmen kauft stets zu den besten Preisen. Und die bestimmen die Art der Minenbauten. Und irgendwann passen nun mal nur noch Kinder hinein.

Dass ethnische Minderheiten versklavt und misshandelt werden, ist leider nicht in der Geschichte des Sklavenhandels oder der NS-Zeit mit den Judenpogromen Vergangenheit geblieben. Grausame Geschichte schreiben wir nach wie vor, wenn auch in völlig anderer Art und Weise, auf unsere Sündenliste, während wir uns in Selbstgefallen aalen, wie sozial wir uns doch engagieren und wie groß unser Beitrag zur „Rettung der Erde" ist.

Bei den Mauerschützenprozessen der DDR gab es das Problem, das der Mord, und dessen Beauftragung laut den Gesetzen in jener Republik legal waren. Dennoch wurden die Täter später in der BRD vor Gericht schuldig gesprochen, mit Begründung auf das Naturrecht, defacto dem gesunden Menschenverstand. Natürlich kann man schon aus Prinzip die Geschichte nicht mit der Gegenwart vergleichen, allerdings begehen wir immer noch einzelne genannte Vergehen an unseren Mitmenschen.

Mit diesem Thema – der Fokussierung auf den Umweltschutz, dem dadurch entstehenden limitierten Blickfeld der Menschen und den daraus entstehenden Ethiksünden – befasst sich Lisa Eckhart in ihrem Kabarett auftritt und legt wie so oft mit ihrer scharfen Zunge den Finger genau in die Wunde, denn „Die Sprache ist eine Waffe, halte sie scharf" (Kurt Tucholsky)

„Wir haben keine zweite Erde, doch wir haben eine Dritte Welt"

Lisa Eckhart

So kritisiert sie, dass zum Beispiel bei der Produktion von Jeans nicht die Kritik der am Hungerstuch nagender Kindersklaven im Vordergrund steht, sondern dass die Produktion von Jeans alleine als eine Umweltsünde aufgefasst wird.

Lisa Eckhart steht auf der Bühne. Erste Szene:

„Ich persönlich, ich bin kein großer Fan von Jeans, ich mag es ausschließlich schick [...]", beginnt sie. *„Für mich waren Jeans immer eine Modesünde, aber seit letzter Woche weiß ich – sie sind auch eine Umweltsünde. Da war überall zu lesen: Die Herstellung einer Jeans brauch über 7.000 Liter Wasser. Und, nicht zu vergessen, ein Kind. Ein kleines tapferes Schneiderlein, das den ganzen Tag giftige Dämpfe und Chemikalien einatmen muss. [...] Ein sechzehn Stunden Arbeitstag, manchmal mehr. Die müssen immer länger nähen, weil wir immer fetter werden. Dann haben sie 10 Minuten Mittagspause und knabbern die Hornhaut von ihren Fingerkuppen, oder nagen an ihrem Hungertuch, das sie sich bunt bestickt haben, damit es nach etwas schmeckt. Doch das ist alles nicht so schlimm, wie sieben tausend Liter Wasser..."* Ein Kind bestehe ja nur aus 80% Wasser. Also etwa 30 Liter. Das ist bei uns ein herzhafter Toilettengang. *„Und ist doch toll, dass die Kinder dort so handwerklich begabt sind... geben sie den Kindern hier Nadel und Faden – die akkupunktieren ihren Hamster." „Gehen sie*

mal früh morgens zu einer Schule hin, wenn sich langsam der Himmel verdunkelt", rät sie sarkastisch gemeint ferner, *„da kriegen sie eine Flugshow* [von Helikoptereltern] *zu sehen, da denken Sie, Sie sind mitten im Pearl-Harbour. "* - Da sehen Sie die ganzen Mütter, die mit ihren fetten Minibus- und SUV-Windelbombern ihre eigene kleine Fridays-for-Future Rasselbande bis zu 5 Meter direkt vor die Schule fährt, damit sie ja nicht zu weit laufen müssen. Sonst sind die ja zu erschöpft um später auf der Demo für Fahrverbote und gegen SUVs zu protestieren. Nur seit FFF findet das Ganze ein paar Meter abseits vom Schultor statt… nicht jedoch seit dem Zeitpunkt, als die Schulen mit der Bitte kamen, doch nicht die Busse vor dem Eingang durch wildes Halten zu behindern.

„[…] denn die Fridays-for-Future Rasselbande kennt keine Kinderarbeit. Und wer nicht nähen muss darf basteln. Plakate, auf denen dann steht: ‚Wir haben keine zweite Erde' – das stimmt. Wir haben keine zweite Erde, doch wir haben eine dritte Welt. Und während wir schon vom Aussterben bedroht sind, sind die noch immer mit Sterben beschäftigt. Aber das ist egal, das Böse wird heute nur danach bemessen, wie umweltschädlich etwas ist. Und nicht etwa wie menschenfeindlich. Die Ökologie hat die Ethik ersetzt. […] Wissen Sie noch? 2004, da wurde in Primark-Kleidung ein SOS der Näherin gefunden. Und da waren alle bestürzt. Wie konnten wir das übersehen? Was? Schauen Sie sich doch mal die Fetzen an. Die Kleider selbst sind Hilferufe. […] Ästhetik ist die beste Ethik. Versuchen Sie nicht immer gut dazustehen, versuchen Sie gut auszusehen. Nach Lisa Eckart.

Wo Recht zu Unrecht wird, wird Widerstand zur Pflicht
Johann Wolfgang Goethe

Import / Export

Schiffe sind das umweltschädlichste Transportmittel

<u>*Das schmutzigste Gewerbe der Welt bleibt auf Kurs – DIE WELT*</u>

In oben angeführtem Artikel der WELT wird der Blick vor allem auf die Kreuzfahrtschiffe gelegt – Diese sind jedoch in der entscheidenden Minderheit im Vergleich zu den Transportschiffen, die tagtäglich ohne Katalysatoren Berge über Berge an Waren aus Fernost herankarren, um sie dann auf die Lastkraftwagen zu verladen.

Ein probates Mittel gegen den Klimawandel wäre natürlich den Import zu verringern, anstatt nun auch die tonnenschweren kindertötenden Elektroaus zu liefern. So erscheint die aktuelle Ideologie, der Umwelt durch die Beschränkung des PKW- und LKW Verkehrs und die Auferlegung immer höherer Emissionsklassen noch absurder – da 95% der Weltflotte an Schiffen nicht einmal über Katalysatoren verfügt und Keiner je eine Bestrebung gemacht hat, dort einmal anzusetzen. Gerade, wo der Schiffstreibstoff nach der Verbrennung krebserregenden Schwefeloxid ausstößt – 20 Millionen Tonnen im Jahr. Auch werden im Jahr 370 Millionen Tonnen Treibstoff allein durch Schiffe verbrannt, was eine entsprechende CO_2-Bilanz bedeutet.

14

Alleine die 15 größten Schiffe der Welt stoßen pro Jahr so viele Schadstoffe aus wie 750 Millionen Autos.

Naturschutzbund Deutschland

Laut Statista liegen der Verbrauch von PKW und LKW zusammen bei nur 15,6 Millionen Tonnen im Jahr

Statista

Natürlich ist der Verbrauch von Schiffen pro Kilogramm und Kilometer viel geringer als der von LKW & PKW, jedoch legen Schiffe dafür eine viel weitere Strecke zurück. Auch findet keine Rückgewinnung der Abgaswärme statt und es werden Schweröle als Treibstoff verwendet, die emissionsreicher sind als verarbeitete Kraftstoffe.

So stellt sich die Frage, ob wir nicht besser auf Annas & Co. verzichten sollten. Wieso fangen wir nicht einfach mal damit an, die Waren, die man hier genauso gut produzieren kann aus lokaler Herstellung zu kaufen. Denn brauchen wir die China-Kracher zum Wegwerfpreis wirklich alle?

Aktuelle Umweltpolitik - Energiequelle der Zukunft

So stellt sich natürlich nun auch die Frage: Wenn nicht Elektro - welche Energiequellen sollen wir denn dann nutzen? Und was macht unsere Politik eigentlich?

Das Drama

Das Schiff. In der Mitte der Bühne ist ein Steuer zu sehen. Schwarz ist der Maschinist von Kohle, und Weiß der Ingenieur von Solar. Der Posten des Maschinisten von Windenergie ist nicht besetzt. Jeder Maschinist reguliert den Schub seines jeweiligen Motors. Schwarz sieht etwas altmodisch aus, als wäre er gerade erst aus seinem Dornröschenschlaf seit den 60er Jahren erwacht.

ERSTE SZENE. Die Matrosen legen auf Deck die Taue zusammen und singen im Chor. Das Schiff legt ab.

"Mein' lieben Herren all durch Gott,
nehmt diese Red' auf ohne Spott,
die ich euch will verkünden:
Die Feind liegen euch gar nahe hierbei,
sie liegen mit uns am wilden Hafen."
Störtebeker und Gödecke Michael,
die raubten beide zum gleichen Teil,
zu Wasser und auch zu Lande.
Bis dass es Gott im Himmel verdross,
des mussten sie leiden große Schande.

ZWEITE SZENE. In dem Speisesaal

PROFESSOR Herr Kapitän, Herr Kapitän! Endlich finde ich Sie

KAPITÄN Nanu, Herr Professor? Was kann denn so wichtig sein, zu so später Stunde?

PROFESSOR Herr Kapitän – merken Sie es nicht?

KAPITÄN Was soll ich merken?

PROFESSOR Die Hitze der Motoren. Das ganze Schiff ist brennend heiß. Wenn wir so weitermanchen, erreichen wir nicht mal mehr den Hafen von Paris.

KAPITÄN Ach, Herr Professor, das bisschen Wärme. Das ist doch ganz gut; da kommt ein bisschen südliches Flair auf.

PROFESSOR Aber Herr Kapitän, wenn wir so weiter machen sinken wir!

DRITTE SZENE. In der Kommandobrücke
Der Professor schiebt den Kapitän vor das Ruder.

PROFESSOR Raus mit Ihnen ans Steuer! Los, steuern Sie! Sie haben die Macht. Machen Sie was, oder wir gehen alle unter!

KAPITÄN Also gut, ich treffe die Entscheidung, meine Macht nicht durch das Treffen von Entscheidungen zu gefährden… Ja, was erwarten Sie denn? Ich bin ein konservativer Politiker. Und das Thema Klimawandel ist so groß - da weiß man ja überhaupt nicht wo man anfangen soll.

Schwarz kommt verschwitzt aus dem Maschinenraum um

sich etwas abzukühlen. Die Matrosen schüren den Kessel auf Volldampf.

SCHWARZ   Wie wäre es denn mit Kohle? Meine Leute können schon nicht mehr: bald brechen die zusammen. Sind auch nicht mehr die jüngsten.

PROFESSOR   Ah, tolle Idee! Für wie viel Prozent der deutschen Emissionen ist denn Kohle verantwortlich?

SCHWARZ   Ein Drittel.

PROFESSOR   schaut vorwurfsvoll zum Kapitän, welcher versucht, sich zu rechtfertigen.

KAPITÄN   Ja, also Entschuldigung, immerhin kann Deutschland den Klimawandel ja nicht alleine retten.

[Über diese Formulierung ist nachzudenken.]

SCHWARZ   Das schon, aber von den größten zehn Emissionsverursachern sind allein acht deutsche Braunkohlekraftwerke

KAPITÄN   Ach so... ist das so...aha... das ist ja interessant...

PROFESSOR   Abschalten! Sofort!

KAPITÄN   Nein, nein, also, so schnell geht das nicht, weil..., weil... äh...

NETWON   Weil Sie lieber Braunkohle abbauen als Arbeitsplätze?

KAPITÄN   Das auch, aber auch weil im Ostflügel bald Wahlen sind. Will ja nicht zum stellvertretenden Vorstand der Hanse degradiert werden.

18

SCHWARZ   Ja, genau, was bleibt denn noch übrig, wenn
             man von der Braunkohle die Kohle
             abzieht?
KAPITÄN   Außerdem, um gegen die Rechten
             vorzugehen, ja, da müssen Sie als Politiker
             auch mal bereit sein, unpopuläre
             Maßnahmen einer Kommission zu
             überlassen.
NETWON   Ah, verstehe, die Kohlekommission.
KAPITÄN   Ja, genau, das ist ein beispielhafter
             Leuchtturm für demokratische Klimapolitik
PROFESSOR   Wieso? Waren die Mitglieder demokratisch
             gewählt?
KAPITÄN   Haha, nein, wieso?
PROFESSOR   Na, dann waren wenigstens führende
             Mitglieder der Opposition eingebunden.
(Siehe dazu auch: Artikel „Klimaschutz und Schule")
Der Kapitän lacht und schüttelt den Kopf

PROFESSOR   Aber die Verhandlungen waren dann doch
             wenigstens öffentlich?
KAPITÄN   Der Professor …

und lacht in das Publikum der Matrosen, wo er nach
Bestätigung sucht.

KAPITÄN   Ich meine ganz ehrlich, Herr Professor, ja
             genau deswegen haben wir diese
             Kommission doch gegründet.
PROFESSOR   Sagen Sie, ist es nicht Zeichen einer
             Demokratie, dass darin Entscheidungen, die

19

das gesamte Volk betreffen, von jenem Volk entschieden werden?

KAPITÄN Nein, nein, da haben wir ja noch das Parlament, das ist ja ganz wichtig. Das muss ja die Vorschläge von der Kommission nachher abnicken

PROFESSOR hm, hm, hm… diese Kommission hat also nicht den sofortigen Ausstieg aus der Braunkohle beschlossen; dafür war sie bereit, Milliarden für Projekte in den vom Klimawandel betroffenen Regionen zu investieren?

KAPITÄN Ja, in ganz tolle Gebiete, wie…

SCHWARZ Ja, da haben wir ein Kinderwagenmuseum in Zeitz und eine Rettungsplattform auf einem gefluteten Tagebau für Schlittschuhfahrer

PROFESSOR Was hat das mit Klimaschutz zu tun?

KAPITÄN Ach! Jetzt hören Sie, Herr Professor, wir investieren da 40 Milliarden rein, das ist doch jetzt auch nicht nichts.

PROFESSOR Aber wenn die Kohle erst 2030 eingestellt wird, dann erreichten Sie Paris niemals!

KAPITÄN Ach, jetzt seien Sie doch froh, dass wir zumindest schon mal unterwegs sind. Und bis 2022 haben wir 5 Braunkohlekraftwerke vorzeitig abgeschaltet. (Zu Kohle gewandt) Zeigen Sie doch dem jungen Herrn einmal, was wir da alles an Emissionen einsparen werden. So schnell kann man das ja nicht machen. Wir brauchen ja auch Strom, wenn keine Sonne scheint und kein Wind geht.

Schwarz zeigt ein Diagramm, das die Emissionen durch Braunkohlekraftwerke anzeigt. Kurz vor 2040 geht die Kurve steil gegen Null.

PROFESSOR Ja, das ist in der Tat sehr beeindruckend!

SCHWARZ Ja, vor allem, wenn man sich anschaut, wie stark die Emissionen sich ohne den Ausstieg entwickelt hätten, also, wenn die Kraftwerke aus Altersgründen abgeschaltet worden wären. Kohle ist einfach nicht mehr gewinnbringend genug. Das rentiert sich nicht mehr.

Schwarz präsentiert das Diagramm, das bis 2030 beinahe keinen Unterschied zu dem mit Kohleausstieg zeigt.

SCHWARZ Und für jedes abgeschaltete Watt kriegen wir ...

PROFESSOR Ja, dann könnten ja die Kraftwerke sagen, sie verlängern einfach künstlich ihre Laufzeit, um sich dann künstlich abschalten zu lassen und sich noch die Taschen mit Entschädigungen aus Steuerhand zu füllen. Wie viel bekommen die eigentlich?

SCHWARZ Also, unser Zulieferer RWE will für jedes stillgelegte Kilowatt bis zu 1,5 Milliarden Euro. [Quelle: ZDF] Die Zulieferer in der Lausitz haben ihre Laufzeiten genau deswegen extra um ein paar Jahre verlängert.

KAPITÄN   Es geht immerhin um 18.000 Arbeitsplätze für mehrere Jahre, Herr Professor.

PROFESSOR Wenn man jedem einzelnen Angestellten eine Million geben würde, kämen wird da immer noch viel billiger aus der Sache heraus. 1,5MRD von einem Kilowatt durch 18.000 … das wären 83 Millionen für jeden! Sagen Sie mal, Herr Schwarz, wie viele der 18.000 Arbeitsplätze wären denn auch so schon in Rente gegangen?

SCHWARZ   12 tausend.

PROFESSOR Das sind dann ja nur 6 tausend Arbeitsplätze!

VIETRE SZENE Weiß betritt den Raum um seine Schicht anzutreten

PROFESSOR Ah! Sie kommen gerade im richtigen Moment! Sagen Sie, Herr Ingenieur Weiß, wie viele Arbeitsplätze wurden denn bei den erneuerbaren Energien gestrichen, um die Kohle zu reanimieren?

WEISS   80 tausend

PROFESSOR 6 tausend … 80 tausend… was ist das bitte für ein Verhältnis?

KAPITÄN   Also sehen Sie, die Jobs in der Kohle sind ja viel wertvoller, die sind ja nicht erneuerbar

PROFESSOR Und überlassen den großen Marktvorsprung an die Schiffe unter Chinesischer Flagge? Sie wissen schon, dass deren Aufschwung langsam aber sicher das wirtschaftliche Ende unserer Hanse bedeutet? Wenn wir so billig sein wollen wie sie, brauchen wir die gleichen miserablen Arbeitsbedingungen und Menschenrechte. Und wenn wir keinen Vorsprung im Knowhow haben? Was haben wir dann noch, das unseren Westen in der Schifffahrtszone der Ersten Welt hält? Wir leben in einer freien globalen Marktwirtschaft! Wenn wir nicht mehr durch die Qualität trumpfen können, dann nur noch durch den Preis. Dann müssen wir uns auf das Niveau Chinas begeben, um mit ihnen handelsfähig zu werden. Das war es dann mit dem Schlaraffenland, gespickt von Gewerkschaften und Sozialstaatsprinzipien! Gut, widmen wir uns also nun den erneuerbaren Energien.

Schwarz zieht sich in seine Kajüte zurück

KAPITÄN   Auf unsere Erneuerbaren sind wir natürlich sehr stolz. Beim Gesamtvolumen der Energie, da kommen bei uns 15% aus den erneuerbaren Energien. Da haben wir in Europa alle abgehängt – außer Schweden, Finnland, Lettland, Österreich, Dänemark, Portugal, Kroatien, Litauen, Rumänien, Slowenien, Bulgarien, Spanien, Frankreich und Griechenland

PROFESSOR Aber Hauptsache, wir Deutsche stellen uns auf die Straßen, rühmen uns mit unserem Umweltbewusstsein, schimpfen über die anderen Länder und dass sie keine Fahrverbote haben und nicht das E-Auto

	subventionieren, wie wir. Das, das dann mit Kohlestrom getankt wird.
KAPITÄN	Also wir sind ja immerhin noch stolzer Träger des 17. Platzes in der EU... von 27 Mitgliedsstaaten. Gut, dafür sind wir weltweit nicht unter den ersten Hundert. Aber dafür streben wir nach oben! Wir wollen ja von 37% auf bis zu 65% erneuerbare Energien kommen!
PROFESSOR	Na dann, Förderung an, volle Kraft voraus!
KAPITÄN	Nein, also so schnell geht das nicht; es gibt ja bei uns auf dem südlichen Deck eine Abstandsregel zu Windkraft. So schnell können wir keine Windräder auf Deck montieren. Die dürfen dort nur stehen, wenn sie einen Mindestabstand von der nächsten Kabine entfernt sind. Ok, das gibt nur eine Fläche von ca. 0,05%, die noch übrig bleibt. Dafür ist der Wind dort aber ganz besonders stark. Aber importierter Strom vom nördlichen Deck ist ja deswegen auch nicht schlechter. Verbraucht ja kein CO^2 für den Transport.
PROFESSOR	Na gut, dann Solar.
WEISS	Das geht leider auch nicht, Herr Professor. Da gibt es eine Obergrenze von 52 Gigawatt im Jahr.
PROFESSOR	Und haben wir das erreicht?
WEISS	Wahrscheinlich Ende dieses Jahrs!
PROFESSOR	Sie versuchen also, Herr Kapitän, 15% bei den 37% erneuerbaren Energien auf 65% zu

erhöhen, indem Sie bei 37% sie Solarplatten abschalten? Welcher Grund hat Sie dazu veranlasst, eine potentiell unendliche Energiequelle zu limitieren?

KAPITÄN   Nun ja, also, uns ging es da vor allem um den schonenden Umgang mit Ressourcen.

PROFESSOR Weil Sie gedacht haben, die Sonne scheint dann länger und verbraucht sich nicht so schnell? Wenn Sie jetzt nichts ändern, dann wird sich, falls wir dann noch den Hafen von Paris erreichen, unser Schiff um 3,2°C erwärmt haben. Unser Nahrungsvorrat in der Küche wird kaputt gehen.

KAPITÄN   Ja, schauen Sie mal, Herr Professor! Immerhin unternehmen wir etwas für den Klimaschutz. Im Gegensatz zu den Grünen, oder der SPD. Die machen das Gegenteil.

PROFESSOR Aber die Grünen sind doch grün - oder nicht? Und die Sozialisten sind doch sozial?

KAPITÄN   Hah! niedlich, der junge Professor! Hören Sie, wenn ich ein was in meinen 20 Jahren als Politiker der deutschen Hanse gelernt habe – dann, dass jeder, der sich mit dem Ruhm einer Eigenschaft ziert, das nur macht, weil er hofft, den Schmutz an seinem Anker verstecken zu können. Kommen Sie, Herr Professor, begleiten Sie mich vor die Fensterfront des Speisesaals - und ich zeige Ihnen, was ich meine. [Die beiden gehen].

FÜNFTE SZENE. Vor der Fensterfront des Speisesaals.

KAPITÄN   Schauen Sie, Herr Professor! Sehen Sie die
              große Tafel in der Mitte? Die Herren mit
              der alten Dame in ihrer Mitte in den
              schwarzen Anzügen? Das sind unsere
              demokratischen Christen. Die, die einer
              anderen Nation eine Militärbasis im eigenen
              Land gestatten, damit sie mit unbemannten
              Drohnen auf Zivilisten schießen können.
              Die rundlichen Gäste in den roten Anzügen
              sind die Sozialisten. Die, die sich für
              besonders sozial ausgeben, aber eine
              Arbeitslosenreform herausgegeben haben,
              die den Arbeitslosen nur das aller Nötigste
              zum Leben gibt und ihnen jegliche
              Umschulung verwehrt. Weiterbildung, klar,
              wenn auch zweifelhafte. Aber ein
              Dieselingenieur wird es in Zukunft schwer
              haben ohne Umschulung einen Beruf zu
              finden, nachdem er entlassen wurde, weil
              seine Dienste nicht mehr benötigt werden.
              Sie waren mit den Grünen auch für die
              Elektrobusse, die mehr grau als grün sind:
PROFESSOR Aber nichts gegen die Grünen, die wollen
              doch den Umweltschutz fördern.
KAPITÄN   Die Grünen, oh je! Wo fange ich da nur
              an…? Sehen Sie, da drüben am Ufer! Das ist
              Schleswig-Holstein. Dort haben die Grünen
              ein Moratorium verfasst, das den Ausbau
              der Windräder stoppt. Gut, da war auch die
              Bevölkerung dagegen – also gegen die

Windräder. Da drüben, sehen Sie! Wo der Leuchtturm steht. Hamburg, der Leuchtturm grüner Politik. Die Stadt Habecks, dem A-Promi der Grünen. Der Habeck, der den giftigen Schlamm aus dem Hamburger Hafenbecken vor Helgoland ins Meer kippen hat lassen. Dort, wo man als Heilkuren Wattspaziergänge macht und Fischer die Bevölkerung ernähren. Ungefähr ein Drittel der gefangenen Fische kommt ursprünglich von dort. Dafür hat der grüne Linke für eine … nennen wir es Krötenwanderung… gesorgt; pro Baggerladung Schlick wandern 35.000€ von Hamburg nach Schleswig-Holstein. Aber die Frage ist doch: Wie kommt das Gift in den Schlick?

PROFESSOR Und wo landet das Geld?

KAPITÄN In einer Stiftung zum Schutz des Wattmeers.

PROFESSOR Also das Geld, das aus der Zerstörung einer unter Naturschutz stehenden Landschaft, die aufgrund ihrer großen Bedeutung für die Natur den Titel des UNESCO-Weltnaturerbes verliehen bekommen hat, fließt jetzt in eine Stiftung, um eben jenes zu retten? WO ist da bitte der Sinn?

KAPTIÄN Politik, Herr Professor. Die Schifffahrt ist eines der größten Übel für die Umwelt. Nur das will man nicht beseitigen, weil die Sozis ja globalisieren wollen. Also schafft man sich quasi eigene Projekte, die man sich dann auf die Fahne schreibt. Ja, die Parteien spielen doch schon lange dieses Spiel. Deswegen gibt es ja auch Nachrichten, die der Bürger nicht erfahren soll – und solche, die er erfahren soll.

PROFESSOR Und die Zerstörung des Watts zählt also zu denen, die wir nicht erfahren sollen?

KAPITÄN Korrekt. Ach da, da vorne! Da ist Hessen! Sehen sie das große Asphaltmeer? Da hat der grüne Wirtschaftsminister ganz klar gesagt: „Nicht mit uns – die neue Startbahn [des Flughafens] kommt nicht!" Also - mit ihnen kam sie auch nicht. Bei der Grundsteinsetzung waren die Grünen ja nicht dabei. Aber durch sie kam die Startbahn. Klar, die Nachfrage war da. Aber hätte der grüne Wirtschaftsminister nicht mit großzügigen Rabatten Billig-Airlines wie Ryanair angelockt, dann hätte die Nachfrage überhaupt nicht bestanden. Und rechtlich gesehen kann man natürlich sagen, dass der Frankfurter Flughafen ein Privatunternehmen ist… allerdings gehört es zu 51% Stadt und Staat.

PROFESSOR Oha… aber zumindest unterstützen sie dafür nachhaltige erneuerbare Energien.

KAPITÄN Das haben sie ja schön von den Werbeplakaten abgelesen. Wussten Sie aber auch, dass die Grünen für einen Ausbau von Flüssiggasterminals gestimmt haben?

Ohne ihre Stimmen wäre das Projekt geplatzt. Und diese Terminals können mit enorm viel Fracking-Gas gefüllt werden. Das war dann halt nach der Europawahl. Davor waren sie ja noch gegen Fracking. Da haben sie auch gesagt: „Ohne uns…“. Immerhin, wenn sie auch da nicht zur Grundsteinlegung gehen, sind sie ja konsequent.

PROFESSOR Wäre es da nicht noch besser für die Umwelt, das Gas aus Russland über die Pipelines zu beziehe?. Das müsste dann zumindest nicht mit dem Schiff importiert werden.

KAPITÄN Ja, wären da nicht die Verschwörungstheorien. Wissen Sie, nicht nur die Bevölkerung spinnt sich solche aus. Auch die Politiker. Die Grünen hatten ihre Entscheidung nämlich dadurch begründet, dass sie Angst vor Russland hätten. Wer weiß, vielleicht will Putin ja eigentlich die Weltherrschaft oder mit dem Gas unsere Heizungen zur Revolution gegen uns aufrufen. Oder es sind Chemtrails im Gas, die auch durch die geschlossenen Ventile im Gasofen gehen, um uns als Bürger zu steuern.

PROFESSOR Putin will die Weltherrschaft? Ist es nicht so, dass die Nato und die EU sich bis vor die Russische Grenze ausbreiten?

KAPTIÄN   Korrekt. Gut, man kann es ja verstehen, dass man nicht nur von einem Land abhängig ist... aber reichen da nicht auch die Vorräte, die man bislang speichern kann? Dann schauen wir mal nach Baden-Württemberg. Dort sind die Grünen die Regierungspartei. Unter deren Ministerpräsident wurde bisher nur ein Windrad im letzten Jahr gebaut. Und die Dieselverbote als Konjunkturpaket für die Automobilindustrie waren auch nicht schlecht. Also, die Diesel fahren natürlich woanders im Ausland weiter, aber dafür haben wir neue Autos im Inland. Dafür war die Ansprache des grünen Ministerpräsidenten zur Eröffnung des neuen Porschewerks sehr schön... also für die Autoindustrie. Dort werden jetzt die neuen Taycans gebaut. 600 bis 760 PS und 2,33 Tonnen Leergewicht... da macht es auch nicht mehr viel aus, dass das Auto ein Elektro ist. Laut EU ist das ein Null-Emissionsfahrzeug, also von dem her... Die Mitarbeiter haben sogar lange auf Lohnerhöhungen und Sonderzahlungen verzichtet, damit das neue Werk gebaut werden kann... aber Verzicht der Bürger ist ja auch eine grüne Statute.

PROFESSOR Waren die Grünen nicht eigentlich für mehr öffentlichen Nahverkehr und „kleine leichte

	umweltfreundliche Autos"? Wo ist da
	überall bitte der Sinn?
KAPITÄN	Sehen Sie, sie haben es verstanden. Wer sich
	grün nennt, ist es noch lange nicht.

Prof. Dr. Karl Hermann Steinberg, früherer DDR-Umweltminister und späteres CDU-Mitglied, sieht es auch eher kritisch, in welcher Weise mit dem Thema Klimapolitik umgegangen wird in seinem Interviewbeitrag Namens „Die Basis muss schon Wissen sein" mit der Fernsehsendung DER FEHLENDE PART.

In jenem Interview klärt er auf, dass aus rein wissenschaftlicher Sicht die Prognose von Umweltaktivisten, das die Erde in 12 Jahren untergehen soll, falls denn nichts unternommen würde, selbst bei den schlimmsten Befürchtungen überhaupt nicht zu erwarten sei. Und ja: Es soll laut ihm eine Klimaveränderung geben. Aus diesem Grund freue er sich sehr, dass sich die Umwelt dessen bewusst wird. Dies sei so auch der Bewegung „Fridays for Future" zu danken. Die globale Erwärmung richte nämlich auch hier in Deutschland massiveSschäden an.

„Und wir müssen wirklich handeln, aber wenn wir handeln müssen wir auch die richtigen Dinge tun."

So beklagt er auch, dass immer nur von dem CO^2 als Klimatreiber gesprochen werde. Andere Treibhausgase sollen dabei aber sehr vernachlässigt werden, so auch Methan, dessen Treibhauseffekt 33-mal höher ist als der von CO^2. Oder N2O, Stickstoffdioxid, Lachgas, das ebenfalls einen viel höheren Treibhauseffekt hat. [Dies wird gerade von Schiffen (siehe Import / Export) in großer Menge ausgestoßen, was eine Katalysatorpflich für Schiffe und eine regionale Wirtschaft umso bedeutender werden lässt.] So ist eine CO_2-Bepreisung seiner Meinung nach unfair. Man müsse bei dem Treibhauseffekt mit höchstem Effekt anfangen. Die Förderung von Elektro, Fotovoltaik und Windkraft sei so nicht falsch, aber die Maßnahmen viel zu uneffizient, da sie nur im kleinen Maßstab zu dem Klimawandel beitragen. Oder Wasserdampf: Ein Umstieg auf andere Energieequellen sei dennoch wichtig, da die Vorrätee fossiler Energiequellen limitiert sind. [Wieso lassen wir dann überhaupt noch Import von Gütern zu, die wir genauso gut auch selber produzieren können? Um die Menschen im Osten zu versklaven und die Produkte spazieren zu fahren?] Auch, meint er, solle man im Hinterkopf behalten, das eine globale Erwärmung auch durch kosmische Einflüsse oder deren Begünstigung durch jene Einflüsse in Betracht gezogen werden muss.

Mobilität

Gerade was das Thema Mobilität angeht gehen wir nicht nur einen unmenschlichen, sondern auch kontraproduktiven Weg.

Fahren mit Strom gilt als gut für die Umwelt. Aber wer das glaubt, sitzt einer Lüge auf, denn mit jeder Zulassung eines Elektroautos steigt die CO2-Emission

FRANKFURTER RUNDSCHAU

So bekommt jetzt selbst Mercedes Benz einen grünen Anstrich. Daimler hat angekündigt, in wenigen Jahren nur noch klimaneutral zu produzieren, also auf Kohlestrom zu verzichten. Ok, man hat den GLS 65 AMG ja nur von seinen Kindern geleast – oder ging die Redewendung doch anders?

Wie dem auch sei: Die Zukunft gehört dem Elektro. Also zum Beispiel dem rein elektrischen SUV, dem EQC. Ist 2,5 Tonnen „leicht" und leistet 408 PS. Um damit eine bessere CO2- Bilanz als ein Diesel zu haben, muss man rund 200 tausend Kilometer weit fahren, wie der ZDF berichtet. Von einem Benziner ganz zu schweigen. Die meisten Autos werden jedoch bereits mit einer gelaufenen Strecke von unter 100 tausend Kilometer verkauft. Dann gibt es einen neuen – also wieder ein Auto mehr. Wie schön, dass die Bundesregierung Elektro so stark fördern will. Von dem

CO^2-Emissionen bei dem Transport der paar hundert Kilogramm schweren Batterien vom anderen Ende der Welt aus per Diesel-Schiff ohne Katalysator ganz zu schweigen, was nebenbei bemerkt bei den Wechselbatterien noch einmal dazukommt. Und wie viel er wirklich verbraucht spielt keine Rolle – man kann ihn laut EU-Recht mit null Emissionen in den Flottenverbrauch mit einrechnen. Das ist so, als wenn man einem Diesel einen „Ich bin jetzt sauber"-Aufkleber verpasst, durch den die Emissionen auf einmal juristisch gesehen nicht mehr da sind. SO kann man Statistiken schönen – man streicht einfach einen beliebigen Betrag aus den Daten.

Einen besonders wertvollen Beitrag, dem nichts weiter hinzuzufügen ist liefert das Format KONTROVERS des BAYERISCHEN RUNDFUNKS, dessen Beitrag hier in einem Zusammenschnitt zitiert wird.

Der Vorteil ist: Wir haben billige Technologie, billige Verbrennungsmotorentechnologie, die durch die Abgasnachbehandlung hoch sauber ist, was die lokalen Emissionen anbelangt und durch den Einsatz von Biogas eben nahezu Klimaneutralität erreicht, eben mit über 90% CO^2 Reduktion.

Professor Ralph Pütz, Hochschule Landshut

Klimaneutralität mit einem modifizierten Ottomotor ist also möglich. Wieso erfährt diese Technologie aber von der Bundesregierung keine Beachtung?

Das städtische Augsburger Busnahverkehrsunternehmen stellt sich dieselbe Frage. Laut Klaus Röder, Leiter des Fuhrparks der Stadtwerke Augsburgs, sind sämtliche Busse dort mit Biogasantrieb ausgestattet. „Wir haben hier die nachhaltigste Antriebsart", so Röder. Falls sie wie in Berlin Elektrobusse nehmen würden, würde im nahen Umfeld der Ladestation aufgrund des hohen Stromverbrauchs keine ausreichende Stromversorgung mehr möglich sein. Sie würden ein eigenes Kraftwerk nur für den Busverkehr benötigen. Feinstaub und Rußpartikel spielen laut Röder keine Rolle, auch der Stickoxidausstoß wird minimiert. Ganz im Gegensatz zu Elektrofahrzeugen, die noch dazu einen dieselbetriebenen Zuheizer brauchen, damit sie auf eine annehmbare Reichweite kommen. Die Elektrobusse sind doppelt so teuer wie Biomethanbusse, haben aber nur die halbe Reichweite. Da man so doppelt so viele Busse mit Elektroantrieb benötigen würde, ist das Laden der Busse eine große logistische Herausforderung

Wie die meisten Politiker ist auch die Umweltministerin Svenja Schulze (SPD) nur auf Elektro fokussiert. Die Berliner Umweltsenatorin Regine Günther, parteifreie Politikerin für die Grünen in der Landesregierung, begründet die teure Entscheidung in Berlin auf Elektrobusse umzusteigen auch damit, dass es nicht genug Biomethan für den Busverkehr gäbe.

| BR: | „Woher haben Sie die Information, dass das [Biomethan] nicht in genügend großer Menge vorliegt?" |
| Günther: | „Äh, naja, da muss man nur die Berechnungen sich angucken. Ja, ähm, äh, dass das in diesem großen Maßstab, dass, äh, das noch, äh, sehr viel mehr in den Kinderschuhen steckt, als Elektromobilität |

Die Wahrheit sieht genau gegenteilig aus. Tatsächlich ist der Gasantrieb im Kraftverkehr seit vielen Jahren verbreitet. So funktionieren die Biogasbusse in Augsburg seit Jahren ohne aufgetretene Probleme, während sich die die Problemmeldungen und Defekte Berliner Elektrobusse stapeln. "Fehlinvestitionen – Elektrobusse sind teuer und unzuverlässig" (Berliner Zeitung), „Neue BVG – Heizungen und Klimaanlagen werden mit Diesel betrieben"... die Batterien sind ansonsten zu schwach.

„Also ich finde es nicht nachvollziehbar, dass bei einem Elektrobus im Winter Dieselheizungen eingesetzt werden, um Reichweiten des Elektrobusses im Fahrbetrieb zu garantieren. Lieber treibt man noch den Teufel mit dem Beelzebub aus." (Prof. Pütz)

Die Elektrobusse produzieren so ähnlich schmutzige Abgase, wie die von den Dieselbussen, die sie ersetzen sollen.

Zwar entsteht durch die Verbrennung von Biogas CO_2, allerding, wie oben erwähnt, nur in sehr geringer Menge (-90% weniger), und noch dazu wird verhindert, dass das schädliche Methan, das einen 33-mal höheren

Treibhauseffekt hat als CO^2, in die Umwelt gelangt. Biomethan wird nämlich aus einem Abfallprodukt der Landwirtschaft gewonnen – Stroh, das anstelle auf den Feldern zu Methan zu vergären, nun in Silos gelagert und das entstandene Methan so abgefangen und verwendet wird. Von diesen Silos gelangt das Methan über das Erdgasnetz, eine Infrastruktur, die es bereits gibt, an die Tankstelle.

Vier Ballen Stroh liefern so viel, wie ein durchschnittlicher Fahrer im Jahr verbraucht. Die Aussage Günthers (Die Grünen) ist also schlichtweg falsch. Das einzige, was sichergestellt werden müsste, ist, dass sich nicht Einzelne so zu einem monokulturellen Anbau von Stroh verleiten lassen, sondern lediglich die Massen des Abfalls bei der Produktion des Korns - das zu Mehl wird und in dem Brot landet, das wir essen - dann für die Mobilität verwendet werden. Immer noch genug. Und da wir nie aufhören werden Brot zu essen, ist also die Produktion an Stroh sichergestellt.

Alleine in Deutschland vergären jedes Jahr 12 Millionen Tonnen ungenutztes Stroh, das ist ausreichend, um 7 Millionen Mittelklasse-PKW CO_2-neutral zu betreiben. Eine Umrüstung kostet pro Fahrzeug lediglich ein paar tausend Euro, in der Summe also weit weniger als die Subventionen für Elektromobilität und deren Endkosten für den Nutzer.

Leider will das der verantwortlichen Umweltsenatorin der Grünen nicht in den Kopf gehen. „Wollen Sie alle Landschaften in Stroh verwandeln?" Ein nachhaltig hergestellter klimaneutraler Kraftstoff ohne Feinstaub und Stickoxide.

Laut der Verbio AG, einem großen deutschen Produzenten für Biomethan, war man vor einigen Jahren schon so weit, dass 23% des gesamten im Mobilitätssektor verwendeten Gases Biomethan war; der Rest war Erdgas. Wegen Gesetzesnovellen im Namen des Umweltschutzes war man aber gezwungen, die belieferten Mengen an Biomethan zurück zu fahren. So auch wegen der letzten Änderung der Bundesemissionsschutzverordnung. BR fragt bei der Bundesumweltministerin Schulze (SPD) nach, warum der klimaneutrale Kraftstoff von Klimaschutzgesetzen boykottiert wird. „Da kann ich wirklich nix dazu sagen, das ist nicht in meinem Verantwortungsbereich, ehrlich gesagt." Wenn die Umweltministerin nicht für die Klimaschutzgesetze zuständig ist – wer bitte dann?

BR: „Herr Flassbarth, Ihr Staatssekretär, erlässt alle Verordnungen, die die Biomethanbranche gerade ganz stark bremsen."

Schulze: „Ehrlich gesagt, wenn ich jetzt nicht fahre, verpasse ich meinen Zug. Das ist jetzt wirklich, das hab ich wirklich, das wollen wir nicht, ne, ich glaube nicht das alle Züge Verspätung haben, der jetzt nicht, ne... ich kann da echt nichts dazu sagen, das ist jetzt echt nicht..."

BR: „Vielleicht ist ja die ahnungslose Ministerin verantwortlich dafür, dass die Regierung so stark auf Elektro setzt ..."

Nach: Bayerischer Rundfunk: BR24 – Kontrovers – Wie die Politik die klimafreundlichen Motoren bremst

Gerade Dieselfahrverbote sind des Weiteren ein Affront der Unteren Bevölkerungsschicht gegenüber. Umweltfreundliche Kraftstoffe, mit denen man 65% bis 90% der Emissionen sparen könnte, nur deswegen nicht zuzulassen, weil man die Elektromobilität fördern will, entzieht man vielen Berufstätigen, die auf Ihr Auto angewiesen sind und sich kein neues leisten können, die Arbeitsgrundlage. Denn die Subventionen sind zu gering, um sich davon ein Auto zu kaufen. Man belastet Familien mit mehreren Kindern, die das Auto für Großeinkäufe benötigen und aufgrund der Kosten, die Nachwuchs mit sich bringt, auch nicht viel Geld für ein neues Auto übrig haben, und man entzieht Rentnern, die aufgrund der Altersschwäche auf ihre Auto angewiesen sind, die Lebensgrundlage – was besonders im Hinblick darauf, dass das „Essen auf Rädern" auch so lange Wege fährt wie die Rentner, ein Hohn ist, da die dadurch gewonnene Ersparnis größenbedingt zu vernachlässigen ist.

Natürlich ist auch zu Bedenken, dass bei Umtauschprämien auf Dieselfahrzeuge jene meistens in anderen Regionen ohne Dieselfahrverbote exportiert werden, wo sie weiterhin gefahren werden. So muss /will man in den Regionen, in denen die Fahrverbote / Prämien gelten, ein neues Auto kaufen. Auf diese Weise haben wir insgesamt ein Plus an Autos. Dies kann großenteils auch Abwrackprämien betreffen, da Fahrzeuge von Schrotthändlern oft noch von Personen abgekauft werden, um sie selber weiter zu nutzen oder zu verkaufen. Gerade ärmere Länder, wie sie in Osteuropa zu finden sind, freuen sich so über ein großes Angebot an billigen Gebrauchtwägen.

Mobilität durch Wasserstoff

Und wenn Prof. Dr. Karl Hermann Steinberg recht hat, dass Wasserdampf dem Klimawandel noch dienlicher ist als Wasserstoff, ist auch der neue Kurs, den die Politik aktuell anstrebt, ebenfalls kontraproduktiv.

Die Erlangener Firma Hydrogenius hat ein spezielles Öl entwickelt, das als Träger für Wasserstoff dienen kann. Es ist im Vergleich zu Lithium-Ionen-Akkus nicht entzündlich oder gar explosionsgefährdet, sondern absolut nicht brennbar. Jenes Öl kann nach dem Pfandflaschensystem mit Wasserstoff be- und entladen werden und ist natürlich auch beliebig oft wiederverwendbar. Der Wasserstoff wird dann in eine Brennzelle geleitet, wo Strom entsteht, der dann den Elektromotor antreibt. Der Vorteil: Keine hochgefährlichen Batterien nach Unfällen, die nach dem Löschen des Fahrzeuges mehrere Tage in einem Wasserbad gelagert werden müssen um erneute Explosionen zu verhindern – und vor allem im Alltag das eine: Man kann das Auto wie einen Verbrenner innerhalb von 3 Minuten volltanken. Zwar gibt es beim Brand eines klassischen Wasserstoffautos laut Auto-Motor-Spot eine sehr große Stichflamme, größer und gefährlicher als bei Verbrennern wie Benzin oder Diesel, aber keine mehrtägige Explosionsgefahr.

ABER:

Die Brennstoffzelle nutzt Platin als chemischen Katalysator. Das Metall erleichtert die Reaktion und bleibt dafür nach der Reaktion unverändert erhalten. Dennoch ist die Verwendung von Platin sehr kostspielig, weshalb man nach Alternativen sucht. Dazu kommt noch der hohe Energieaufwand bei der Produktion von Wasserstoff durch Elektrolyse. Dabei wird Wasser unter Einsatz von Strom in Wasserstoff und Sauerstoff verwandelt.

In einem Akku-Auto können zudem von 100 Kilowattstunden Strom rund 70 Prozent genutzt werden, in Brennstoffzellen-Autos, lediglich 20 bis 25 Prozent (Quelle: Aiomag, Audi AG). Auto-Motor-Sport geht hingegen von optimistischen 50% für Wasserstoff und 75 – 90% für Batterie aus. Der gasförmige Wasserstoff wird für den Transport entweder unter Druck gesetzt oder verflüssigt. Flüssiger Wasserstoff hat 99,9 Prozent weniger Volumen als das Gas. Der Nachteil dabei: Wasserstoff wird erst bei minus 253 Grad Celsius flüssig. Um diese Temperaturen zu erreichen braucht man viel Energie, deutlich mehr als für die Verdichtung. Und solange es kein Leitungssystem zu den Tankstellen gibt, erfolgt der Transport von den Produktionsstätten mit klassischen Diesel-Lkw. Die bayerische Landesregierung will noch dazu laut Hubert Aiwanger den Wasserstoff importieren – was dann wiederum auf Dieselbetriebenen Schiffen stattfindet. Allerdings will man in ferner Zukunft auch die Transportschiffe mit Wasserstoff betreiben.

Recycling

Auch mit Recycling verantwortungsvoll zu handeln ist immer schwieriger, wie DER SPIEGEL, UTOPIA, THE GUARDIAN, DW, und DIE WELT berichten. So wird nur ein Bruchteil, unter 20%, der zu recycelnden Flaschen überhaupt wiederverwertet. Der Rest landet, oft illegal, in den Ländern der Dritten Welt oder im Meer. Man denkt also man tut etwas Gutes, wenn man die Plastikflaschen in den Automaten legt. Dabei wirft man auf diese Weise den Großteil ins Meer, um dann auf Demos gegen das Plastik im Meer zu schimpfen.

Vermehrte staatliche Kontrollen wären hier essentiell.

Ein großes Problem besteht allerdings in dem Verfahren der Müllsortierung. Dies passiert durch ein optisches Verfahren, weswegen zum Beispiel schwarze Verpackungen, da sie Licht absorbieren und nicht reflektieren, nicht von der Sortiermaschine nah ihren Materialien sortiert werden. Auch Verpackungen, die aus mehreren Verschiedenen Plastiksorten bestehen können als Mischverpackung nicht recycelt werden. Ein Gesetz der Materialeinheitlichkeit von Verpackungen und ein Symbolcode zur einfacheren Identifizierung des Materials wäre sinnvoll. Auch sollten recycelfähige Kunststoffabfälle nicht mehr in ein Land exportiert werden können, in dem keine lückenlose Weiterverarbeitungskette nachgewiesen werden kann.

Der größte Faktor der Umweltsünde ist der Konsum und Import. Wir müssen und nicht einmal im Luxus einschränken, sondern einfach verantwortungsbewusster konsumieren, sowie uns vor jedem Kauf fragen, ob wir das wirklich benötigen und nichts entsorgen, was noch funktioniert. Dann leben wir wirklich umweltbewusst. Das meiste Andere ist nur Heuchelei.

Verantwortungsvolle Vorschläge

Ein verantwortungsvoller Vorschlag wäre somit: Biogas zu fördern, den Emissionsreduktionsdiesel zuzulassen und Elektromobilität mit Lithium-Ionen-Akkus zu verbieten, sowie die auch von „Fridays for Hubraum" in ferner Zukunft angedachte Forderung eines kostenlosen Öffentlichen Nahverkehrs. Nicht zu vergessen wäre auch eine Katalysatorpflicht für Schiffe, da nur 95% der Weltflotte überhaupt einen Katalysator eingebaut haben – und da sprechen wir noch lange nicht von Emissionsklassen, sondern lediglich von der reinen Existenz eines solchen Systems.

Viele sagen natürlich jetzt gewiss, dass so etwas nicht möglich sei – Warum? – Weil es einen Verkehrskollaps entsteht. Aber ist das nicht eigentlich das, was wir wollen? Also nicht den Kollaps, sondern den Verkehr. Denn jener Verkehrskollaps entsteht, wenn zu viel Verkehr auf zu schlechte Infrastruktur trifft. Wir wollen ja, dass so viele Leute den Öffentlichen Nahverkehr nutzen. Damit könnte man auch seit langem bestehende finanzielle Probleme unterer Schichten bei den Kosten der Mobilität aus der Welt schaffen. Anstatt Multimillionen in umweltschädliche Elektrobusse mit Dieselzuheizer zu investieren, könnte man mit dem Geld die marode und antike Infrastruktur der Bahn ausbauen, nachdem jene verstaatlicht wurde.

Finanziell wäre das Ganze gewiss leicht möglich, auch wenn die Bahn und deren Infrastruktur von privaten Investoren gefördert, bzw. weiterhin privatisiert bleiben. Wenn das gesamte Kapital nicht bereits für die dem Untergang geweihten Technologien investiert werden würde. So wie bei Stuttgart 21, in den Daimler laut <u>ZDF</u> auch involviert ist – somit ist es sogar recht naheliegend, das Autofirmen insgesamt in den Öffentlichen Nahverkehr involviert sind, zum Beispiel indem sie statt Elektroautos Elektrozüge produzieren würden – selbes System, nur etwas größer und ohne Batterie – die Firmen hätten die Forschungsausgaben nicht vollständig in den Sand gesetzt und alte strukturelle Probleme könnten abgemildert werden. Auch würden dann vielleicht solche Projekte mit Firmenbeteiligung aus dem Automobilsektor besser funktionieren, da jene Firmen bei Erfolg des Projektes so großen Profit machen könnten.

Insgesamt will der Konzern 10 Mrd. € in den Ausbau der Elektroflotte von Mercedes-Benz investieren, eine weitere Milliarde geht in den globalen Batterieproduktionsverbund, der Teil des weltweiten Produktionsnetzwerkes ist. Zudem sollen mittelfristig weitere 20 Mrd. € in die Versorgung mit Batteriezellen fließen, aus denen Daimler schließlich die Batterie montiert.

<u>So rüsten sich die deutschen Autohersteller für das beginnende Zeitalter der Batteriezellen</u> – NEUE ZÜRICHER ZEITUNG

Vielen Dank liebe Umweltbewegungen, wie Fridays for Future, liebe BÜNDNIS90 / GRÜNEN und alle anderen, die durch ihr unreflektiertes lautes Trommeln die Politik und Gesellschaft in eine kontraproduktive Richtung geführt haben.

Da fragt man sich, wer eigentlich wirklich die Umwelt am besten schützt: Der Klimaleugner, der sich nicht für den Wirbel interessiert, oder der vermeintliche Umweltschützer, der trotz gutem Willen das genaue Gegenteil verursacht — eben etwas für statt gegen den Klimawandel unternimmt.

Nicht nur wegen der schnellen und effizienten Aktion gegen den Klimawandel ist es wichtig, dass das Richtige gemacht wird. Wenn Klimaschützer monatlich ihr Credo um 180° ändern, weil die Methoden, auf die man sich vorschnell fokussiert hatte, doch wieder nicht so erfolgreich wie gewünscht sind, besteht die große Gefahr, dass die breite Masse der Mitläufer und Befürworter irgendwann ihr Vertrauen verliert und von dem Zug abspringt oder die investierte Energie in eine Thematik nicht anerkennen will und sich so auf kontraproduktive Methodiken versteift.

Auch für die Weltwirtschaft besteht eine große Gefahr, indem die Konzerne, wie zum Beispiel Autofirmen, die von Ihrem Image abhängig sind, somit also jeder Kehrtwende der breiten Masse folgen müssen und jedes Mal mehrere Milliarden in nicht zukunftsfähige Technologien investieren müssen, die nach ein paar Monaten sowieso von der breiten Masse nicht mehr gewünscht sind. Dies kann den Bankrott durch zu hohe Ausgaben zahlreicher großer Unternehmen bedeuten, was eine große Bedrohung für die Weltwirtschaft darstellt; denn die privaten Einkommen und Arbeitsplätze sind von der Finanzstärke jener Unternehmen abhängig.

Weitere Ideen liefert die Zukunfts- und Umweltbewegung Fridays for Hubraum, die im Folgenden portraitiert wird.

Portrait einer Zukunfts- und Umweltbewegung: Fridays for Hubraum

Mittlerweile geht ja alles nur noch in Panik. Das hat ja auch Greta einmal gesagt [...] Sie will uns in Panik versetzen. Und das hat sie mit gewissen Leuten geschafft. Jetzt gerät die andere Seite aber auch in Panik, weil da heißt es ja: Wir müssen nur noch bezahlen, bezahlen, bezahlen. Die Leute können sich das auch oft nicht mehr leisten; das ist das nächste Problem. Unsere Mindestlohnschicht wird immer größer, 25% unserer Bürger sind nun einmal im Sektor Mindestlohn beschäftigt. So, und die haben Angst, das nicht mehr bezahlen zu können und dann herrschen auf beiden Seiten natürlich Extreme, weil beide Existenzängste haben. Die einen haben Angst, dass die Welt untergeht und die anderen haben Angst, dass sie bald nicht mehr Auto fahren können und dass sie halt ihrer Arbeit nicht mehr nachkommen können.

Chris Grau, Gründer von Fridays for Hubraum

In diesem Sinne sieht FFH auch Demos für unproduktiv.

Ich finde ne Demo ist Zeitverschwendung, da kann man lieber überlegen wie man mit den Politikern [mal] sachlich [...] diskutiert. Wir wollen eigentlich, wenn es denn möglich ist, im Bundestag mal mitdiskutieren und uns versuchen das Ganze in eine vernünftige Richtung zu

47

lenken, dass sich das Ganze auch die Aufspaltung der Gesellschaft mal langsam löst. Im Prinzip können wir nur alle zusammen etwas erreichen und nicht indem wir uns gegenseitig totdiskutieren wer an was schuld ist oder wie etwas existent geworden ist, weil das [...] führt zu keinem Ergebnis.

Wir wollen auf jeden Fall bis nach Berlin vordringen, das haben wir soweit auch schon gesagt, die Kontakte kann ich leider noch nicht nennen, aber wir sind schon ziemlich weit nach vorne gekommen. Wir wollen auf jeden Fall in Sachen CO_2-Bepreisung, Umweltzonen und Fahrverbote und gut, Tempolimit wurde heute [vom Bundestag] abgelehnt, aber das kommt ja immer wieder zur Diskussion, da wollen wir eingreifen und Sagen: ,Das geht so nicht, weil das belastet nur den Endverbraucher' und eigentlich in die Richtung forschen und entwickeln, das wir mal wirklich da ansetzen, an unserer Energiegewinnung, das ist nämlich die Basis überhaupt für unsere Technologie. Und da müssen wir hin und um zum Beispiel alternative Kraftstoffe zu nutzen und [...] müssen wir erst einmal eine vernünftige Energiegewinnung haben, bevor wir mit irgendwas anderem anfangen.

Chris Grau

In einem Credo an die Politik fordern sie so unter anderem die Schonung natürlicher Ressourcen, nachhaltige Forschung, den Erhalt des Wirtschaftsstandortes und keine Mehrbelastung der Bürger. Letzteres wäre durch eine sinnvolle Umverteilung der Steuergelder von kontraproduktiven zu Gunsten von produktiven Klimaschutzmethoden möglich.

Auch fordern sie so die gezielte Aufforstung, was sie bereits durch Ihre deutschlandweite Aktion der Postierung von Setzlingen mit dem ihrer Gebotstafel angeheftet vor den Rathäusern der Republik am 15. auf den 16. Februar 2020, die sich zahlreicher Teilnahme erfreute, demonstriert haben. Des Weiteren fordern Sie im Zuge dessen auch die Verlängerung der Nutzungsdauer von Kraftfahrzeugen, die verstärkte Forschung und Förderung zur Verbesserung von Verbrennungsmotoren und Verbrennungsprozessen, staatliche Förderung von Umrüstungsmaßnahmen an Fahrzeugen und Wohneigentum und ebenfalls einen kostenlosen ÖPNV – durchgesetzt in einer rationalen und überparteilichen Politik.

CO² Berechnungen
Fremdperspektive

SUV sind an allem schuld?

2005, vor dem SUV-Boom, lag der durchschnittliche CO²-Verbrauch pro Kilometer von allen Autos im Durchschnitt bei 161 Gramm. 2016, nach dem SUV-Boom, bei 118 Gramm. (Auf dem Prüfstand gemessen, trotz manipulierter Software; sind Emissionen und Verbrauch gesunken.)

Wie sieht das Ganze also nach 2016 aus, als der SUV schon lange boomte?

2015, nach Start des Dieselskandals, wurden leider viel weniger Autos mit effizienten Dieselmotoren verkauft. Aufgrund dessen ist der Anstieg im Verbrauch zum ersten Mal seit Jahrzehnten gestiegen. Was? Diesel ist umweltfreundlich? Verbrennen wir einmal beide Treibstoffe und sehen was passiert:

1 Liter Benzin verbrennen: 2,33kg CO²

1 Liter Diesel verbrennen: 2,64 kg CO²

Wie kann Diesel also umweltfreundlich sein? Wegen höherer Energiedichte! Das kann man sich am stark vereinfachten Beispiel von Flüssigseife und Spülwasser vorstellen. Die Flüssigseife ist konzentrierter, es ist mehr Seife vorhanden als im Spülwasser. So ist es auch bei Diesel und Benzin. In Diesel haben wir mehr Energie gespeichert als in Benzin. Deswegen entsteht auch mehr CO^2 bei der Verbrennung des chemischen Energieträgers. Somit erreichen wir also mit Diesel eine höhere Reichweite pro Liter als mit Benzin. Pro Kilometer wird also weniger Treibstoff verbrannt und somit entsteht auch weniger CO_2, als wenn er denselben Verbrauch wie ein Benziner haben würde. Benzin liefert bei der Verbrennung zwar weniger Energie, stößt dafür aber pro Liter auch weniger Emissionen als Diesel aus.

Gehen wir nun also vom Antrieb zur Karosserievariante des Autos - macht das einen Unterschied? Nun kommt der Faktor des Luftwiederstandes hinzu. Ein Auto mit größerem Luftwiderstand, wie ein SUV, müsste somit also stärker gebremst werden als eine normale Limousine. Überprüfen wir das nun einmal anhand von Vergleichen mit Daten aus praktisch durchgeführten Experimenten. Auch wiegen SUVs ja mehr, wodurch mehr Masse beschleunigt werden muss und mehr Energie benötigt wird.

Machen wir den Praxistest: Zwei baugleiche Autos mit unterschiedlichen Karosserien treten gegeneinander an, einmal in der Variante als Limousine, einmal als SUV.

VW Polo und VW Polo T-CROSS (SUV-Variante), beide mit demselben Motor mit 1,0 Liter-Hubraum:

Polo: 6,7l Verbrauch, T-Cross: 6,8l Verbrauch

Mazda 6 (Limousine) und Mazda CX-5 (SUV), gleiche Motorisierung:

M6: 8,3l CX-5: 8,6l

Macht also in der Praxis keinen großen Unterschied, ob man einen SUV oder eine normale Stufenhecklimousine fährt. Man muss bei einem Vergleich immer die Kategorie des Fahrzeuges beachten. Ein Auto mit größerem Hubraum benötigt natürlich mehr Sprit, eines mit größerer und vor allem schwererer Karosserie auch. Ein großer Range Rover braucht also natürlich mehr Treibstoff und hat somit eine höhere Emission als ein kleiner VW T-ROC, ein T-ROC aber nicht viel mehr als seine Limousinenvariante des Polo. Die Karosserieform an sich spielt dabei aber im durchschnittlichen Fahrbetrieb nur eine geringe Rolle. Ein großes Plus an Verbrauch ist allerdings bei Allradfahrzeugen festzustellen – bei SUVs, aber genauso bei allen anderen Fahrzeugformen.

Aber fördert die EU nun eigentlich Kleinfahrzeuge mit der neuen CO^2-Steuer bzw. den Strafzahlungen?

Bekannte Zahl: 95g CO^2/km – der CO^2 Grenzwert. Jener muss von den Herstellern allerdings nur dann eingehalten werden, wenn ihre gesamte Autoflotte im Schnitt pro Auto 1273kg wiegt. Dieses Gewicht entspricht dem Durchschnitt aller in der EU verkauften Autos der Jahre 2014 bis 2016. Wiegen die Autos aber mehr gibt die EU eine Freimenge als Aufschlag. Der beträgt genau 0,0457 mal dem Gewicht des CO^2 in Gramm pro Kilometer, was wiederum mit der Differenz von dem aktuellen Flottengewicht minus dem Durchschnittsgewicht multipliziert wird. Klingt kompliziert, ist aber der Grund, warum die einzuhaltenden CO^2 Obergrenzen von Marke zu Marke stark variieren.

So muss Jaguar - Land Rover 130,6g einhalten, nicht 95g. BMW und Mercedes müssen 102g einhalten. VW hingegen muss 96g einhalten, da sie eine sehr breitgefächerte Flotte haben – vom winzigen VW UP! bis zum Flaggschiff VW Touareg.

Die eigentliche Obergrenze von 95g ist zudem sehr optimistisch angesetzt, da sie einem Verbrauch von 4,1 Liter Benzin bzw. 3,6 Liter Diesel pro 100 km entsprechen. Wie viel verbraucht Ihr Auto nochmal auf 100km?

Diese Werte werden allerdings auf dem Prüfstand erhoben, sind also NEFZ-Werte – das sind die Werte, wie sie im Katalog zu sehen sind. Und die sind natürlich grundsätzlich viel geringer als der Realverbrauch sämtlicher Autos. Logisch also, dass, wenn die Autos in Wirklichkeit mehr Verbrauchen, was altbekannt ist, sie dann auch mehr CO_2 ausstoßen. Anscheinend ist der Zusammenhang, dass der mehr verbrannte Treibstoff mehr CO_2-Emissionen bedeutet, vielen aber nicht klar gewesen – sonst wäre der Dieselskandal nicht für viele so überraschend gekommen.

Die Strafzahlungen pro Gramm und pro Auto belaufen sich auf 95 €. Realbeispiel: Jaguar – Land Rover überschreitet seinen Wert um ungefähr 4,4 g. Das entspricht einer hochgerechneten Strafzahlung von 93 Millionen Euro. Nehmen wir mal an VW würde den Grenzwert um 4,4 g überschreiten. Dann müsste das Unternehmen 1,57 Milliarden Euro zahlen. Wenn sie aber die 130 g Land Rovers ausstoßen würden … In der Realität überschreitet VW seinen Grenzwert um 13 Prozent. Das kostet das Unternehmen eine Strafzahlung von 4,5 Milliarden Euro.

Das sind auf 200 Tausend km gerechtet ein CO_2 Preis von 95 Euro pro Auto, wenn das Fahrzeug den Grenzwert um

1 g überschreitet. Macht einen Tonnenpreis von 475 € in der Automobilbranche. In allen anderen Branchen der Bundesrepublik ist die CO_2-Steuer bei 10 € pro Tonne [Beschlossener Preis und Beginn der Steuer ab 2021]. Das ist ein Unterschied in der Versteuerung von 465 € pro Tonne der Automobilbranche zu anderen Branchen. Oder anders ausgedrückt, ein Steuersatz, der das 46,5-fache ist. Das sind plus 4650% - wenn das gerecht sein soll…! Und wenn der Treibstoff gekauft wird, dann kommt noch einmal dessen CO_2-Besteuerung oben drauf.

Tatsächlich halten den Grenzwert der EU nur wenige Autos ein, so zum Beispiel der Audi A2 3.0 TDI 3.0 Liter mit einem Verbrauch von unter 6 Liter Diesel pro 100 km – weil das Auto keinen Katalysator oder Partikelfilter hat. Jene treiben den Verbrauch in die Höhe, wodurch auch dieses Auto die gesetzlichen Vorgaben nicht mehr erfüllen würde. Wie wäre es also mit einem Benziner, ein moderner Yaris Hybrid zum Beispiel? – der Verbraucht im Schnitt 4,8 Liter; angegebener Verbrauch liegt aber unter 4 Litern Benzin.

Das von den Medien und Gegnern immer angeprangerte
Platzproblem, sollte man einmal genauer betrachten.
Ein Suv nimmt den Platz für 2 kleinere Fahrzeuge weg. Lassen wir
so stehen, aber wo ist das Problem. Es wird sich übersteigende
Emissionen beschwert.
Vergleich
1 SUV 134g co2
1 Kleinwagen 107g co2
2 Kleinwagen 214 g co2

Macht 80 g co2 Ersparnis. ☹

Das lassen wir an dieser Stelle unkommentiert.

Zum Elektrofahrzeug folgendes. Wie Matthias schon sagt,
Wasserstoff tankst du in 7 min, bei hoher Reichweite. Es gibt genug
weitere Alternativen. Synthetische Kraftstoffe usw.
Die Bundesregierung will aber Elektrofahrzeuge, wo in der Masse
überwiegend Probleme resultieren.
Das muss geändert werden.

Fridays for Hubraum

Die Religion des Umweltschutzes? – Fridays for Fanatismus

Fremdperspektive

„Das Problem mit dem Klimawandel ist: Er ist kompliziert. Wir verstehen ihn nicht wirlklich. Wir wissen, dass etwas passiert, wir kennen einige der Gründe, doch das ist nur spärlich, und die Wissenschaftler mit dem größten Wissen, die sind nicht einfah zu verstehen. Aus genau diesem Grund gab uns Mutter Natur die Klimaaktivisten, denn die benötigen kein Wissen in Meteorologie."

So beginnnt der Moderator von RT den Fernsehbeitrag „Klimaaktivsimus – die neue Religion? In dieser Perspektive werden die Umweltschutzbewegungen als eine religiöse Gruppierung angesehen. Gut, vielleicht ein wenig weit hergeholt, aber schauen wir sie uns erst einmal an.

Der Kritik an dem mangelnden Verständnis der Teilnehmer ist schon einmal beizupflichten. Jeder, der ein Schild halten kann, kann Teil der Bewegung sein. Er folgt ihr, ohne genau zu verstehen was sich überhaupt dahinter verbirgt. Soweit stimmt das auch mit dem Beitrag überein.

Nun zu dem religiösen Teil der Perspektive. So soll es vielen Aktivisten nicht um Wissenschaft oder Fakten gehen, sondern um den Glauben an etwas Größeres, das man nicht unbedingt versteht.

Auch soll wie in vielen Religionen eine Eschatologie vorliegen, also der Glaube an das Ende der Welt, „dass das Amagedon bald vor der Türe stehen wird". „In zwölf Jahren geht die Welt unter" – ein Beitrag von Mess of Media zitiert.

„Der Tag des Herrn aber wird kommen wie ein Dieb, dann wird der Himmel prasselnd vergehen, die Elemente werden verbrannt und aufgelöst; die Erde und alles was auf ihr ist werden nicht mehr gefunden.

2 Petrus 3:10

Und um unsere unwürdigen Verschmutzerseelen zu retten schickt uns der Gott des konstanten Klimas seine Tochter – Greta Thunberg. Auch wird die Kinderbewegung mit dem Kinderkreuzzug aus dem Jahre 1212 verglichen. Damals versuchte eine Armee von Kindern das Heilige Land zu befreien, kam aber nie dort an; viele starben auf dem Weg – doch immerhin haben sie es versucht. Eine Bewegung, der jeder mitmachen müsse, denn wer auch nur den kleinsten Zweifel daran hegt werde sofort als Ketzer abgestempelt – als Klimasünder. So wurde das Wort „Klimahysterie" zum Unwort des Jahres 2019 gekürt. Es gebe keinen Mittelweg. Und jenes Pack würde als unwürdiges Gesindel angesehen, das in der Hölle braten werde, wo das Licht selbst dann noch an sei, wenn niemand im Zimmer ist.

Aber immerhin, man könne ja berichten; der Nachrichtensender NBC stellt auf seiner Website eine „Onlinekirche" bereit, eine Seite auf der man seine Klimasünden beichten kann.

The Washington Post: „Climate-change deniers are a danger to our security"

(dt: Klimaswandelleugner sind eine Gefahr für unsere Sicherheit)

The Conversation: „The Gloves are off: 'Predatory' climate deniers are a threat to our children"

(dt: Keine Samthandschuhe mehr – Räuberische Klimaschutzleugner sind eine Bedrohung für unsere Kinder)

The New York Times: „ The Depravity of climate-change denial"

(dt: Die Verdorbenheit des Klimaleugnens)

Eine interessante Perspektive von Außenstehenden – Kategorie: Fremdperspektive

Eine sehr Interessante Perspektive über diverse Umweltschutzbewegungen hat dieser Gastbeitrag bei Russia Today, einem der größten russischen Medienanstalten, für internationale Themen.

Umweltschutzbewegungen werden als Glaubensrichtung dargestellt. Dies will ich einfach mal unkommentiert so stehen lassen und erst einmal auf einzelne Aspekte seines Memorandums eingehen.

58

So dem **Fanatismus der Klimaschützer.**

Viele steigern sich auch sehr emotional in den Kampf um den Klimaschutz. Wie DIE ZEIT in der Ausgabe vom 6.Februar 2020 in dem im Kapitel Dossier erschienenen Artikel „Wohin am Freitag?" berichtet, gehen manche Schüler sogar soweit, sich ihre Fingerkuppen mit Rasierklingen und Flüssigkleber zu präparieren, damit man keine verwertbaren Fingerabdrücke nach ihrem Infanteriesturm auf die Festung Kohlekraftwerk nehmen kann. Einigen, wie der Tara Cicchetti sei es jedoch bereits egal, ob sie für den Kampf um die Sache ins Gefängnis müsse. So habe sie laut eigenen Aussagen auch ihr Chemiestudium abgebrochen um sich voll und ganz auf Ihr Engagement in der Klimaschutzorganisation „Ende Gelände" fokussieren zu können. Eine Organisation, die der Verfassungsschutz laut der „Zeit" als „linksextremistisch beeinflusst" einschätzt.

Nicht nur, dass hier auch eine große Gefahr für Leib und Leben droht, wie durch das Ersticken nach Abgang einer Lawine eines Kohleberges, sondern eine solche auch für die späteren beruflichen Aussichten besteht, resultiert auch eine allgemeine Gefahr im Hinblick auf entstehenden Fanatismus. Da ein reines Schwarz-Weiß-Denken vorherrscht, besteht natürlich auch eine Gefahr für Leute, die eher etwas Distanz zu solchen Clans wahren. Denn wenn Eltern und Erwachsene sich auch noch dabei beteiligen, ihre eigenen Kinder in lebensgefährliche Situationen zu bringen, liegt es nicht gerade fern, von einem Verlust der Fähigkeit zur Urteilsbildung zu sprechen. Wenn es eines Jeden eigene unbeeinflusste Entscheidung ist, sein Leben zu riskieren oder zu beenden, ist das in Hinblick darauf, dass es eine persönliche und freie

Entscheidung ist, kein Problem - wenn eine Gruppendynamik bis hin zum Gruppenzwang entsteht, ist das in keiner Hinsicht zu vertreten.

Das soll nicht heißen, das man sich nicht für die Umwelt einsetzen soll, aber Terrorismus, Gewalt und Guerillakämpfe waren wahrscheinlich noch nie der Weg zum Ziel, zumal die Auslotung, welche Methoden für den Klimaschutz am effizientesten sind, mit einem derart erhitzten Temperament unmöglich objektiv und damit zielführend gefällt werden kann, wobei sich sprichwörtlich „die Katze in den Schwanz beißt". Genau dies zeigt sich bei den bisher angestrebten Methoden zum Schutz gegen den Klimawandel.

„Fridays for Fanatismus" – wie prophezeit

In dem Artikel „Religion des Klimaschutzes – Fridays for Fanatismus" wurde die Fremdperspektive einer Sendung des international ausgestrahlten russischen Fernsehsenders Russia Today (Variante RT Deutsch) zum Thema der Bezugslosigkeit von Wissenschaft und Umweltschutzbewegungen, sowie deren Charakterisierungsinterpretation vorgestellt. Auch wurde in unserem Medium im Rahmen jener Thematisierung auch die Hypothese aufgestellt, dass der Fanatismus diverser Klimaschutzbewegungen eine Bedrohung für den Erfolg der Realisierung von Klimaschutzmethoden darstellt. Diese hat sich, wie vor ein paar Tagen der Norddeutsche Rundfunk in einem Beitrag der Sendung Extra-3 zeigt, nun bestätigt.

So wurde in dem Hamburger Stadtteil Ottensen eine autofreie Zone eingerichtet und Anwohner, die in der Zone eine Parkmöglichkeit besitzen bekamen einen Passierschein. Eigentlich eine gute Idee, meinten Viele. Die Radikalität der Anwohner hat das Projekt jedoch zum Erliegen gebracht. Was ist passiert?

Die Anwohner der Tiefgaragenfraktion wurden von Anfang an boykottiert und belästigt.

So berichtet der Anwohner Niklas Kranz: „Sobald ich zur Arbeit fuhr baute sich gleich am ersten Morgen ein älterer Herr vor meinem Auto direkt hier an der Stelle auf [Beginn der autofreien Zone] um mir deutlich zu machen, „dass das doch jetzt eine Fußgängerzone sei." Doch auch auf das Vorzeigen seiner Ausnahmegenehmigung zeigte sich:

„Die Leute waren auch so in Rage, tatsächlich, dass man selbst mit Ausnahmegenehmigung nichts erreicht hat."

So haben streitlustige Dorfbewohner sich sogar zusammengetan um Straßenbarrieren aufzubauen.

„ …dann fuhr irgendjemand mit seinem Auto hier rein und dann stellt sich so eine … äh … Mutter … mit ihrem Kinderwagen vor das Auto und dahinter stellen sich auch zwei Leute und blockieren ihn. Dann kam die Polizei und hat das auch aufgeklärt. Das ist nämlich Selbstjustiz und Nötigung" berichtet ein Anwohner.

Laut NDR sollen die Anwohner nicht einmal davor zurückgestreckt haben, jene Anwohner, die über einen Parkausweis verfügen, mit Obst zu bewerfen.

Doch da kam Kritik auf: Der Betreiber einer Reinigung in dem Gebiet, Herr Feits, kritisiert das Projekt, da ohne Auto weniger Kunden kamen. „Dadurch haben die mich angerufen, beschimpft und mich boykottiert" äußert sich der schwarze Anwohner. „Wir kommen nie wieder diese Reinigung, wir gehen andere Reinigung" berichtet er von den Telefonanrufen von Anwohnern.

„Was Leute sich da an Schimpfwörtern einfallen lassen haben, das war von ‚Fahrradschlampe' bis ‚Ferkehrsfascho' [Ferkehrsfaschist] alles mit dabei berichtet Kranz. „Die Leute gucken sich schon böse an, ich bin in diesem Stadtteil großworden - 50 Jahre lebe ich schon hier, gabs noch nie, sowas" erzählt ein weiterer Anwohner.

Letztendlich sah sich das Verwaltungsgericht gezwungen dem Projekt ein Ende zu setzen und es für unbestimmte Zeit auf Eis zu legen.

NORDDEUTSCHER RUNDFUNK (NDR) – EXTRA 3 – REALER IRRSINN: Weniger Autos, mehr Stress in Ottensen

Wie der Beitrag auf satirische Art zeigt, war weder die Planung, noch die Durchführung aus öffentlicher Hand an der Posse Schuld, sondern dieses Mal - eine der wenigen Ausnahmen – waren es die überreagierenden Bürger.

Es geht darum, dass in ein paar zusammenhängenden Straßen in der Ortschaft Ottensen einer autofreien Zone eingeführt wurde; lediglich Anwohner mit einem Passierschein durften jene benutzen, um zu ihren gemieteten oder den in deren Eigentum befindlichen Stellplätzen zu gelangen. Schließlich können Autos nun einmal nicht fliegen.

Das Problem hierbei ist, das die Eskalation der Bevölkerung zu Straßenblockaden bzw. Nötigung im Straßenverkehr geführt hat, weil die Einwohner die Anwohner nicht mehr passieren lassen wollten, was bis hin zu Vandalismus an den Autos geführt hat. So musste letzten Endes das eigentlich gute Projekt eingestellt werden.

Ein Beleg für eine funktionierende Planung ist hier das Beispiel der Stadt Passau, wo ebenfalls das Zentrum der Altstadt nur von Anwohnern befahren werden darf – von hier wurden keine nennenswerten Probleme vernommen.

Diese Posse ist so ein repräsentabler Beweis dafür, dass für eine sachliche, objektive und somit effektive Problemlösung eine aus hochkochenden Emotionen und gewollter guter Selbstpräsentierung als umso besserer Weltretter nur schwer zu ergründen und zu realisieren ist.

Tempolimit adiós

Der Tag der großen Entscheidung. Deutschland starrte zitternd auf die Uhr, langsam tickte sie vor sich hin, immer und immer langsamer. Zehn Mal hintereinander wurde das Postfach nach Updates durchsucht und verzweifelt an den Fingernägeln gekaut. Dann der Paukenschlag und auf einmal riss es die Mehrheit der Nation vor Freude von den Stühlen. Zumindest ein Teil von uns mag den Tag, von dem ich rede, so wahrgenommen haben. Und nein, es geht nicht um den Brexit – das Tempolimit auf deutschen Autobahnen wurde vom Bundestag abgelehnt.

Ein klares Zeichen für vermeintliche Klimaschützer und selbst ernannte Verkehrsexperten, die aber nie am Autoverkehr teilnehmen, sondern Bahnfahren oder solche, die sich als Freiwild zur Verfügung stellen indem sie generell beim Abbiegen schneiden, bei Rot über die Ampel rasen und grundsätzlich keine funktionierenden Lichter haben – die Fahrradfahrer. Deren laut betriebener Populismus war doch nicht so populär, wie gedacht. Manchen war das auch egal; doch am Ende entschied halt nun doch die vom Volk legitimierte Mehrheit. Und das im Sinne des Volkes.

Denn es gibt eigentlich nur zwei wesentliche Argumente für Tempolimits – Umweltschutz und Unfallsicherheit.

Widmen wir uns erst einmal der Unfallsicherheit – diese hängt nicht nur mit der Geschwindigkeit, sondern auch mit dem Gewicht und der Sicherheit des Autos zusammen. Je größer und schwerer das Auto, desto stärker sind die Kräfte beim Aufprall, auch bei geringeren

Geschwindigkeiten. Deswegen dürfen LKWs auf Landstraßen auch nur 60km/h fahren – auch wenn sich nur die Wenigsten daran halten.

Zudem muss bedacht werden, dass Crashtests nur mit einer Geschwindigkeit von bis zu rund 60km/h durchgeführt werden. Somit ist es also relativ egal, ob man mit einer Geschwindigkeit von 130 oder 300 km/h verunfallt – wenn es passiert, passiert es eben und man wird schwer verletzt oder stirbt. Gerade deshalb muss man dafür sorgen, dass es überhaupt nicht erst passiert. Hier in Deutschland haben wir allerdings eines der sichersten Autobahnsysteme, was sich auch statistisch zeigt. Die meisten tödlichen Unfälle passieren hier im Haushalt – dort scheint es aber keinen zu stören.

Viel wichtiger ist es also, dass wir uns auf der Autobahn so verhalten, dass überhaupt keine Unfälle passieren. So ist es unerlässlich, dass wir uns an das Rechtsfahrgebot halten, und nur – und wirklich ausschließlich nur – zum Überholen auf eine der linken Spuren ausweichen. Denn wenn der klassische vermaledeite Links- und Mittelspurschleicher seines Hobbys tätig wird und dort mit 120 umhergurkt, erhöht das enorm das Umfallrisiko, da der kommende Verkehr mit rund 250 km/h stark bremsen muss, was einen Dominostein-Effekt auslöst und somit jeder immer etwas stärker bremsen muss, bis der letzte in der Reihe nicht mehr rechtzeitig reagieren kann und / oder einen zu langen Bremsweg hat. Aus welchen Gründen auch immer jene Leute dies machen, aus Neid an anderen wegen der Autos, die schöner und schneller sind als das seine, oder einfach aus Egoismus und Faulheit. So ein Verhalten ist genauso gefährlich, wie wenn man mit Tempo über Hundert über den Berliner Kudamm rast. Bei dem bekanntem Unfall auf zuletzt genanntem entschieden die Gerichte auf Mord. Ein Exempel, das sich auch für tödliche Unfälle durch Spurschleicher statuieren sollte.

Speed has never killed anyone. Suddenly becoming stationary, that's what gets you.

Jeremy Clarcson, ein umstrittener Moderator, der sein Leben mit Reportagen über Sportwägen verbringt.

Unfälle passieren, aber jene durch verantwortungsloses Verhalten zu provozieren, ist nicht vertretbar. Die Auswirkungen, ob von hohem Tempo oder von Richtgeschwindigkeit, spielen dabei auch keine große Rolle mehr. Wenn es passiert, passiert es nun einmal, so oder so.

Am allerwichtigsten ist es daher der Gruppe, die meint sie will doch überhaupt nicht so schnell fahren, es reiche ihr doch 130 fahren, ein Tempolimit einzuführen. Natürlich, aber schau mal um dich herum. Da gibt es noch andere, die nicht du sind, die sehen das vielleicht anders. Niemand zwingt einen schnell zu fahren – oder langsam zu fahren. Und genau so soll das auch bleiben.

Ein Kommentar von Anne Schneider in der Neuen Züricher Zeitung, am 31.13.2019 erschienen, sieht das bei dem verwandten Thema von Böllern auch so und nimmt so auch indirekten Bezug auf dieselben grundlegenden Sachverhalte wie beim Tempolimit.

Man muss kein Raketenfreund sein, um in einem
Totalverbot eine unverhältnismäßige Beschränkung der
freien Lebensführung zu sehen. Denn das Argument, es
habe niemand etwas von Böllern, weshalb man sie ebenso
gut verbieten könne, hinkt. Es stellt die
Entscheidungsfreiheit jedes Einzelnen nämlich nicht nur
infrage, sondern negiert sie. Als wäre der Respekt vor der
eigenen Mündigkeit verloren gegangen – oder schlimmer: nie
vorhanden gewesen. Man könnte die deutschen
Verbotsdebattenschleifen getrost ignorieren, wenn sie kein
fatales Menschenbild offenbarten: In diesem muss der
Bürger nicht nur vor sich selbst geschützt werden.
Paternalistisch wird davon ausgegangen, dass nur Verbote
die Deutschen daran hindern, sich mit Autos, Böllern oder
Zigarettenrauch gegenseitig umzubringen.

Anna Schneider: Keine Raketen und Böller an Silvester in
Deutschland: neues Jahr, alte Verbotsgelüste, Berlin 31.12.2019,
NEUE ZÜRICHER ZEITUNG

Außerdem sind bereits laut AUTO MOTOR SPORT bis
zu 45% der deutschen Autobahn in der Geschwindigkeit
limitiert (inklusive der zeitweisen Beschränkungen wegen
Baustellen, etc. im Durchschnitt). Fun fact am Rande:
Deutschland ist nicht das einzige Land ohne Tempolimit:
„Die Isle of Man hat generell kein Tempolimit auf
Autobahnen bzw. auf landstraßenähnlichen Gebilden"
(Auto Motor Sport)

Die Autobahn ist sicher. Wenn wir etwas verändern wollen, dann müssen wir die Bundesstraßen sicher machen. Klar, in Frankreich z.B. gibt es weniger Unfälle auf der Autobahn mit generellem Tempolimit – da haben wir aber auch ein Mautsystem, das diese unbeliebter macht, wodurch viel Verkehr auf die Landstraßen ausweicht, wo dann die Unfälle passieren. Und auf diesen Straßen herrscht auch bei uns eine sehr große Gefahr: Der Fahrradfahrer. Das Fahrradfahren soll hier in keiner Weise schlecht gemacht werden. Auch ich, der Autor, fahre sehr gerne mit dem Fahrrad. Gerade deswegen habe ich ein sehr großes Unverständnis anderen Fahrradfahrern gegenüber, welche die Bundesstraße zu ihrem persönlichen Radweg erklären.

Die große Gefahr ist der Unterschied der Geschwindigkeit zwischen Autofahrer und Fahrradfahrer. Wenn der Autofahrer mit einer Geschwindigkeit von 100 km/h, wie sie auch auf Autobahnen üblich ist, in der Kurve auf einmal einen Fahrradfahrer entdeckt, wird er gezwungen stark zu bremsen. Andere versuchen, in solcher Situation zu überholen, aufgrund der Seitenabstandsregel und des Aufenthalts des Fahrradfahrers in der Mitte der Spur aber ist dies nicht immer möglich, was ein dichteres Auffahren provoziert und bei Missglücken jenes eine noch stärkere Bremsung verursacht. Dies kann bei nassem oder rutschigem Untergrund zum Ausbrechen (= Schleudern, Verlust der Kontrolle) des Fahrzeuges führen, wenn man versucht auszuweichen. Zudem kann er Luftsog, gerade von großen Lastkraftwägen, sehr gefährlich für windige Fahrräder sein.

Auf der Autobahn, wo gleiche Geschwindigkeiten gefahren werden, dürfen Radfahrer unter keinen Umständen fahren, obwohl dort genug Platz besteht auszuweichen – hier auf der Landstraße allerdings auch nicht, wenn sich in der Nähe ein Radweg befindet. Und diese Regel gehört auf sämtliche Bundes- und Landstraßen übertragen, die nicht auf maximal 60 km/h begrenzt sind - auch wenn sich kein Radweg an der Seite befindet. Auch die Kontrollen und polizeiliche Sicherheitsmaßnahmen müssen in diesem Bereich von der Autobahn auf Bundes- und Landstraßen übertragen werden, da so von einigen Radfahrern Menschenleben gefährdet und tödliche Unfälle in Kauf genommen werden, nur damit man nicht ein oder zwei Pfützen auf dem Radweg ausweichen muss. Wer auf einem stark genutzten Boulevard mit stark überhöhter Geschwindigkeit Menschen tötet, wird wegen Mordes verurteilt; aber wer durch sein verantwortungsloses Verhalten Menschen in den Tod zwingt, radelt einfach munter weiter. Hier brauchen wir dringend gleiche Rechtsprechungen. Aus selbem Grund müssen auch Mittelspurschleicher härter bestraft werden.

Umweltschutz

Kommen wir nun zum Thema Umweltschutz. In einem verwandten Artikel – Politik für statt gegen den Klimawandel? Eine Bewertung der Methodiken – wurde bereits näher darauf eingegangen.

Nicht nur, dass das Auto einen verschwindend geringen Anteil zum Klimawandel beiträgt – die Höhe der Geschwindigkeit hat auch nur beschränkt etwas damit zu tun. Denn es ist nicht die Geschwindigkeit, die die Emissionen produziert, sondern die RPM, Rounds per Minute, also die Anzahl der Bewegungsablaufsrunden des Motors in der Minute. Denn nur bei einem Ablaufszyklus wird Treibstoff verbrannt, und zwar immer gleich viel. Je mehr Zyklen, also je mehr RPM, desto mehr Sprit wird somit verbrannt. Natürlich, je schneller man fährt, desto mehr Abläufe gibt es. Aber wer es noch nicht bemerkt haben sollte: Rechts neben dem Lenkrad gibt es so etwas, das sich Schaltknüppel nennt. Mit dem kann man wie beim Fahrrad die Gänge wechseln. So braucht man sich – äh, der Motor sich bei höheren Geschwindigkeiten nicht mehr so abstrampeln, er fährt also bei gleicher RPM schneller im zweiten als im ersten Gang. Und je mehr Gänge man hat, desto schneller kann man bei gleicher Umdrehungzahl fahren und somit die gleiche Menge an Emissionen ausstoßen wie wenn man 30 km/h fährt. Da die modernen Autos auch ausreichend PS haben, ist nicht ein Tempolimit, sondern eine Mindestanzahl an Gängen für schnelle Autos das, was wir brauchen. Und das Beste ist – es gibt Automatikautos, die schalten bereits von alleine.

Täglich grüßt das Tempolimit

Und es geht in eine neue Runde: Nach dem die schon zweimal vor dem Bundestag und einmal vor dem Bundesrat K.O. gegangene SPD in dem Boxkampf um ein Tempolimit versagt hat, mal wieder, kommt sie in einer Versammlung auf eine grandiose Idee:

Man könnte es doch mal mit einem Tempolimit versuchen.

Ist ja nicht so, dass das bis jetzt schon so lange nicht funktioniert hat und auch wahrscheinlich nie funktionieren wird – da schließlich die absolute Mehrheit der Bevölkerung dagegen ist – egal, wieviel und lautstark das auf allen verfügbaren Kanälen beworben wurde und auch wahrscheinlich wieder wird.
Dadurch wirken die Linken, die sich ja auch so oft über Putins „Absolutismus" und Trumps „Antidemokratie" beschweren, natürlich auch nicht besonders demokratisch. Denn wenn sie für Demokratie sind, außer es wird nicht das entschieden, was man gerne hätte, dann ist das keine Demokratie. Und wenn man nicht akzeptieren kann, dass es bei der Wahl abgelehnt wurde und man nun mit allen Mitteln versucht, das Ergebnis zu umgehen, ist das antidemokratisch. Und wenn man immer wieder abstimmen lässt, bis zum Schluss der „Gegner" aufgibt und einfach keine Lust mehr hat, hat das auch wenig mit Demokratie zu tun. Wo sie doch vermeintlich so demokratisch sein wollen… Demokratie ist nämlich nicht, wenn die Sozialisten zufrieden sind, sondern wenn die Mehrheit der gesamten Bevölkerung zufrieden ist. Das haben sie wohl in der Zeit der DDR nicht gelernt, und was Hänschen nicht lernt, das lernt Hans nimmer mehr!

Klimaschutz & Schule

In einer Schule, dem Gymnasium Kirchseeon, im Landkreis Ebersberg in Bayern, gibt es seit einigen Wochen die so genannte Klimapause. Jeden Mittwoch in der ersten Pause treffen sich die Schüler und Lehrer um über den Klimaschutz zu fachsimpeln.

So ist das Konzept eine gute Idee, den Schülern zu vermitteln, wie wichtig politisches Engagement wirklich ist, und sie zu einem bewussten Umgang mit jenem zu erziehen. Schüler werden so mit einem Thema konfrontiert, das, dank des Populismus von Klimabewegungen, die allermeisten interessieren dürfte. Das so geweckte Engagement und Training in einem verantwortungsvollen Umgang mit der Macht der Wahl in einer Demokratie wird so auch große Auswirkung auf die Wahlbeteiligung und Reflektion der Schüler in späteren Wahlen haben.

Heikel ist nur die Frage der Gefahr einer Nutzung jener Pause, denn gerade junge Schüler haben noch keine Erfahrung in der differenzierten und weitreichenden Beleuchtung von Themen aus diversen Perspektiven, was für die Bildung einer objektiven politischen Entscheidung essentiell ist.

So ist die Präsentation des Fällen von Entscheidungen ohne Einbezug der Opposition unter der Ignoranz von wissenschaftlichen Ergebnissen oder Argumenten, die die eigens angestrebten Methodiken in Frage stellen, für die jüngeren Schüler eine Gefahr bezüglich ihres Prozesses der Entscheidungsfindung, sowie für deren

Demokratieverständnis und den Wertepluralismus im Allgemeinen.

Auch stellt eine einseitige Beleuchtung die politische Neutralität, zu der Schulen verpflichtet sind, nicht nur in Frage, sondern negiert sie, wenn einseitig nur für Organisationen einer Wertegemeinschaft und einer politischen parteiorientierten Richtung geworben wird.

So ist es essentiell, dass solche Klimapausen in einem freien Rahmen gehalten werden, also nur als Foren für den freien Meinungsaustausch agieren, sowie Fehlschlüsse hinterfragt und gesetzliche Rahmen gewahrt werden, was auch auf die Schüler zutrifft. Ansonsten könnten zum Beispiel auch Schulen im sächsischen Raum auf die Idee kommen „Immigrationspausen" zu eröffnen, in denen parteinahe Politik einer anderen Partei alleinstehend thematisiert wird, und so zu einem Ergebnis gelangen, das vielleicht sogar gegen die Verfassung und die Menschenrechte verstößt.

Der Philosoph und Professor für Soziologie Jürgen Habermas begründete einst mit Apel zusammen die Diskursethik, eine metaethische Herangehensweise, die den Ablauf und die Bedingungen einer erfolgreichen differenzierten Auseinandersetzung mit einer Thematik zur Problemlösung jener definiert. Eine Abhaltung von Klimapausen im Rahmen jener Idee wäre wohl die beste Lösung zur Vermeidung der Gefahren und Nutzung des Potentials jener Pausen. Entscheidend ist hier selbstredend die Anwendung der Auslegung nach Habermas, also ohne die Letztbegründung Apels.

Eco-Boost dank Toilettenpapier

Die Amerikaner horten Waffen, die Franzosen Wein und die Deutschen Nudeln und Toilettenpapier. Obwohl die Versorgung gesichert ist. Warum? Self-fulfilling Prophecy. Die Regale sehen leer aus, man kauft automatisch mehr und denkt nicht daran, dass man schon genug zuhause hat. Dadurch, dass so viele mehr kaufen, steigert sich das Ganze in absurde Dimensionen. Jedoch hat das ganze einen einzigen Vorteil.

Auch wenn man dann die nächsten 30 Jahre kein Toilettenpapier mehr kaufen braucht – es staut sich auch eine überdimensional große Menge an Lignin an, ein Abfallprodukt der Papier- und Zellstoffindustrie. Jener wird häufig verbrannt, jedoch bietet er dank einer neuen Technik ungeahnte Möglichkeiten.

Das bayerische Start-Up CMBIu hat eine Möglichkeit entwickelt, mit dem Abfallstoff einen neuen Energieträger für elektrische Energie herzustellen. Mit ihm kann nun eine Flüssigkeit für Batterien hergestellt werden, die nicht nur nachhaltig, sondern auch fair produziert wird. Ohne das Kinder in den Kobalt-Minen versklavt werden und komplette Ökosysteme in empfindlichen Gebieten durch den hohen Wasserverbrauch bei der Lithiumförderung zerstört werden. Die neue Technologie basiert auf der sogenannten Redox-Flow-Batterie.

Lastspitzen im Stromnetz abfedern | Während Lithium-Ionen-Speicher innerhalb von Sekundenbruchteilen viel Energie liefern können, sind Redox-Flow-Akkus zwar weniger dynamisch. Richtig eingesetzt bieten sie aber entscheidende Vorteile: Speichergröße und Leistung können unabhängig voneinander und fast beliebig skaliert werden. Außerdem ist eine Flussbatterie nicht brennbar.

HANDELSBLATT

„Die Flussbatterie eignet sich besonders für die Speicherung von Energie über mehrere Stunden und kann im Gegensatz zur Lithium-Ionen-Batterie volle Lastzyklen fahren – sie sind also perfekt dafür geeignet, um Lastspitzen im Stromnetz abzufedern", erklärt Experte Peter Fischer vom Fraunhofer Institut für Chemische Technologie.

CEO von CMBIu

Die neue „Organic-Flow-Batterie" ist somit nicht nur nachhaltiger, sondern auch besser für längere Speicherzeiten geeignet, als die Lithium-Ionen-Batterie, ist organisch, benötigt keine Kinderarbeit mehr, ist wirtschaftlicher, hat eine geringere CO^2-Bilanz, da die Stoffe nicht mehr vom anderen Ende der Welt auf einem Dieselschiff ohne Katalysator importiert werden und noch dazu besser für die Langzeitspeicherung von Strom geeignet. Und sie wären sicherer. Während eine Lithium-Ionen-Batterie nach der Explosion noch tagelang in einem Wasserbasseng

Das Ende von Ende Gelände?

Die Bewegung „Ende Gelände wurde vor kurzem in einem noch unveröffentlichten Bericht des Bundesamten für Verfassungsschutz als linksextremistisch eingestuft. Somit ist eine Verfolgung durch die Behörden zu erwarten. Die Bewegung Ende-Gelände versteht sich nach eigenen Aussagen als eine Bewegung für „Systemwadel statt Klimawandel". Ihre Bestrebungen sind allerdings nicht nur „grün", mit dem Ziel des Kohleausstiegs, sondern auch „rot". So zeigt ein großes Plakat von ihnen in München die Aufschrift „Noch ein Jahr im Kapitalismus werde ich nicht aushalten."

Quelle: Wikimedia, Creative-Commons Lizenz

Bislang wurde die Organisation nur als linksextremistisch beeinflusst gekennzeichnet. Aufgrund der neuen Kategorisierung aber dürfte ein Verbot der Organisation zu erwarten sein, da ihre Ideologie gegen die demokratische Grundordnung verstoßen soll. Die Senatsinnenverwaltung, zu der das Bundesamt für Verfassungsschutz und die Spionageabwehr gehört, gibt allerdings noch nichts bekannt, da die Dokumente noch nicht öffentlich sind.

Justizsenator Dirk Behrendt (Grüne) habe aufgrund der Einstufung für die Senatssitzung Gesprächsbedarf angemeldet.

Der Verfassungsschutz stuft „Ende Gelände" als linksextremistisch ein:

Dann müsste man auch Ghandi als extremistisch einstufen

Lorenz Gösta Beutin, Klimapolitiker der Linken

Auch Georg Kössler, Umweltpolitiker der Grünen, kritisiert, das die Einstufung ein falsches Signal verbreiten würde.

Somit stellt sich nur die Frage, ob es ein gutes Signal ist, wenn rechtsextremistische Organisationen verfolgt und verbannt werden und linksextremistische einen Freifahrtsschein bekommen.

**Ist der Linksextremismus genauso gefährlich
wie der Rechtsextremismus?**

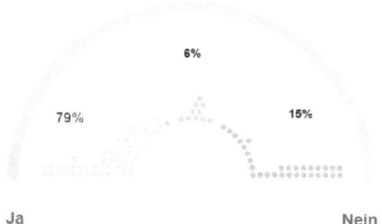

6%

79%　　　　　　15%

Ja　　　　　　　　　　Nein

*Nach den Daten einer Umfrage von MSN, durchgeführt durch
Opinary.*

Auch stellt sich die Frage, ob es wirklich ein so gutes Image
für die Umweltpolitik ist, wenn sie von Anfängern
staatsfeindlicher und demokatiefeindlicher Ideologien zur
Realisierung ihrer feuchten Träume vom Stalinismus
vergewaltigt wird.

Ihre rücksichtslose Radikalität haben sie bereits unter
Beweis gestellt.

Der Stille Reiter

Kaum dass das Tempolimit erneut abgewiesen wurde steht nun ein weiteres Thema aus dem linken Lager auf der Agenda. DB. Leider aber nicht die Deutsche Bahn, was dringend sinnvoll wäre, sondern die Dezibel, die Lautstärke. Motorräder sollen inzwischen nach ihren Vorstellungen nur noch so leise gehen wie ein Rasenmäher. Stellt sich nur die Frage: War die bisherige Obergrenze für Lärm zu hoch? Es gibt ja bereits eine. Und warum muss immer alles weiter eingeschränkt werden? Jede Freiheit und Möglichkeit wird immer weiter reguliert.

Natürlich, Bewohner von engen Wohnbatterien in Städten würden sich über ein bisschen mehr Ruhe sicher freuen, der Verkehr wird ja auch schlichtweg immer mehr. Aber wieso bekämpfen wir dann nicht das Problem an der Wurzel und reduzieren den Verkehr? Weil dann Personen, die auf ihr eigenes Auto / Motorrad angewiesen sind keine Möglichkeit mehr haben sich mit ausreichend Nahrung und Trinkwasser zu einem zumutbaren Preis selbst zu versorgen – Rentner; weil dann Personen, die ihr Auto für berufliche Zwecke brauchen ihre Arbeit nicht mehr ausführen können; und nicht zuletzt auch, weil man die Freiheit reduziert jeder Zeit überall hin zu fahren, wohin man will.

Aber wir müssen das Problem ja nicht über eine Verbotskultur lösen, mit der wir die Bevölkerung einschränken. Wir können auch einfach das eigentliche Problem für den Verkehr lösen. Die Menschenmassen. Nicht durch Genozide, wie es manche Radikalisten sich vielleicht wünschen, sondern indem wir Anreize schaffen, in Dörfer auf das Land zu ziehen, sowie die Möglichkeit dort sämtlicher Arbeit nachzukommen. Corona hat uns gelehrt, dass ein großer Teil der Arbeit auch von Zuhause bzw. auf dem Dorf erledigt werden kann und da die Schulen und Kinderbetreuungen im Normalfall auch offen haben, sogar ungestört.

Wenn wir den Pendlerverkehr minimieren, haben wir auch eine viel geringere gesamte Lärmbelästigung in der Stadt, ohne dass sich jemand einschränken muss. Noch dazu unterstützen wir damit den Netzausbau und so auch die Benachteiligung der Bürger vom Land und benötigen auch weniger Treibstoff für die Fahrzeuge – für öffentliche Fahrzeuge wie Züge – auch die produzieren CO_2 – sowie auch den Autoverkehr und können somit den Treibstoff gezielt für Fahrten einsetzen, die uns Freude bereiten, wie zum Beispiel Fahrten in den Urlaub – oder wir benutzen die entfallenden Pendelkosten für etwas anderes.

Wie sich zeigt, gibt es zwei Möglichkeiten, das Problem zu lösen und „Rot-Grün" setzt wie zu erwarten natürlich auf die unplausible, die uns in unserer Freiheit weiter einschränkt.

Gute Politik soll die größtmögliche Freiheit bei geringstmöglicher Einschränkung für das größtmögliche Gemeinwohl und Solidarität realisieren. Hier wird in die konträre Richtung gesetzt – wie so üblich in dieser Gruppierung.

Abflug in die Zukunft

Flugzeuge werden als sehr umweltschädlich angesehen. Doch es geht auch CO^2-Neutral. Einerseits wäre Wasserstoff eine Möglichkeit. So hat sich die Neue Züricher Zeitung ausführlich damit beschäftigt.

Eine weitere Möglichkeit: Synthetisches Kerosin.

Eine Möglichkeit liefert die technische Hochschule in Zürich, wie der Bayerische Rundfunk berichtet. Die Santoliquid-Methode. Ein Speziell entwickelter Sonnenreflektor auf dem Dach der Schweizer Uni wurde bereits fertiggestellt. Hierbei wird aus dem CO^2 und H^2O der Umgebungsluft durch Solarenergie das sogenannte Syngas hergestellt. Dies geschieht mit Hilfe eines Katalysators, der mit dem seltenen Metall Ceroxid (CeO^2) beschichtet ist. Das CO_2 und H_2O wird dabei auf mehr als 1000°C erhitzt, wobei es sich spaltet und zu H_2+CO, dem Syngas wird, welches dann zu Kerosin und anderen Treibstoffen fertig raffiniert werden kann. Das Projekt von Prof. Dr. Aldo Steinfeld und seinen Studierenden funktioniert einwandfrei, kann jedoch nach momentanem Stand der Entwicklung der Apparaturen nur sehr geringe Mengen an synthetischem Kerosin liefern. In Spanien haben sie bereits eine größere Anlage fertiggestellt; jene kann aber aufgrund des Stands der Technik ebenfalls nur kleine Mengen liefern.

Auch gibt es eine Möglichkeit der Produktion synthetischen Kerosins durch Algen. Viele Airlines haben auf diesen Weg gesetzt, doch auch diese Methode ist weiterhin sehr komplex und zu teuer.

Eine weitere Möglichkeit bietet die Raffinerie ‚Heide'. Hier will man durch ungenutzten Windkraftstrom von auf Grund von einer Überlastung des Stromnetzes ungenutzter Energie Wasserstoff separieren und diesen zu einem synthetischen Kerosin umwandeln. Das ist das sogenannte „Power-to-liquid-Verfahren". Dabei wird das ausgestoßene CO_2 von umliegenden Fabriken mit Wasser zu Kerosin verwandelt. Auf diese Weise würden sogar die bestehenden Raffinerieanlagen weiter benötigt.

Bei der Verbrennung von den synthetischen Kerosinen wird also kein neues CO_2 in den Umlauf gebracht, sondern altes quasi „recycelt". Da dieses Verfahren auch große Mengen liefern kann scheint es sehr vielversprechend zu sein.

SUV – Steuer

Wie die FAZ berichtet, sollen in Zukunft SUV-Fahrer steuerlich stärker belastet werden

Das Gesamtaufkommen der Kfz-Steuer von aktuell rund 9,5 Milliarden Euro soll sich kaum verändern. Bei Fahrzeugen, die nach dem Jahreswechsel erstmals zugelassen werden, wird es jedoch zu spürbaren Verschiebungen kommen. „Die Steuer wird sich im Vergleich zur bisher gewohnten Höhe deutlich verändern", heißt es im Referentenentwurf. Wie bisher soll die Kraftfahrzeugsteuer aus Hubraum und einer Klimakomponente errechnet werden. Das erste Element bleibt gleich, um die Aufkommen zu stabilisieren.

FAZ

Stellt sich nur die Frage, wieso die Karosserievariante steuerlich stärker belastet wird als die andere. Warum können wir nicht einfach einen Festpreis für CO_2 einführen?

Wie der Verlag Auto Motor Sport herausgefunden hat, ist der Verbrauch von Treibstoff zwischen einer Limousine und einem SUV fast identisch. Unterschiede gibt es hier bei dem Verbrauch von Motoren mit unterschiedlichen Hubraumgrößen und Fahrzeugen mit Allradantrieb[1] – nicht jeder SUV hat allerdings AWD (All-Wheel-Drive) und nicht jede Limousine FWD (Front-Wheel-Drive) oder RWD (Rear-Wheel-Drive), so gibt es zum Beispiel viele

Kombis wie die Audi Avant (Kombi) Modelle, die über Quattro (AWD) verfügen.

Im Vergleich benötigt ein Flugzeug ca. 1 Liter Kerosin pro Sekunde – ein SUV kann mit 10 Litern 100 km weit fahren (Abhängig von Modell und Motorisierung).

Natürlich kann man einwenden, dass viele SUVs Dieselfahrzeuge sind, aber auch dieses Argument ist nicht haltbar; denn so müsste man die Dieselfahrzeuge stärker besteuern und nicht die SUV. Auch stoßen Dieselfahrzeuge naturgemäß pro Liter Treibstoff mehr CO_2 aus als Benzinfahrzeuge, dafür können sie aber auch aufgrund des höheren Gehalts der Kohlenstoffatome im Treibstoff und der daraus resultierenden höheren Energiedichte weitere Strecken mit einem Liter Treibstoff bewältigen als ein Benzinfahrzeug. Dies lässt beide Antreibsarten im Vergleich der Emissionen pro Kilometer relativ gleich erscheinen.

Warum also nicht einfach einen Festpreis für ausgestoßenes CO_2 einführen? Denn es ist ja schließlich egal, ob die Emissionen von Autos, Schiffen oder Fabriken kommen – in der gleichen Menge sind sie auch gleich schädlich für das Klima. Für die Gesundheit sind sogar Schiffsemissionen wegen den hohen Werten an schwefelhaltigen Stoffen noch viel schädlicher. Dafür kann man sich aber die schlechte Umweltpolitik schöntrinken, denn die Steuer auf Alkohol wird jetzt günstiger.

Fridays for Future und Corona

Was haben die Reichsbürger, Querdenker, Neonazis und Fridays for Future Anhänger gemeinsam? Sie alle sind „Covidioten". Trotz Corona finden die menschenreichen Demonstrationen statt – wie bei den Querdenker-Demos wird zwar eine Maske getragen (ok, von den Querdenkern tragen einige auch keine), aber Mindestabstände werden nicht eingehalten und auch alleine die große Menschenmasse an sich ist eine Gefahr für eine Verbreitung des CoVID-19 Virus im großen Stil. Zum Beispiel mit 10.000 Teilnehmern in Berlin – alle auf einem Fleck. Wie auch bei den Fahrverboten scheint das Wohl des Einzelnen keine Bedeutung zu haben, nur das große Ganze – die Sache, für die jeder kämpft, ist von Bedeutung. Eine Ideologie, die gerade wenn es um die Gefährdung von Menschenleben geht, auch sehr schnell zu einer Bedrohung werden kann. Demonstrationen von Motorradfahrern auf dem Mittleren Ring in München wurden allerdings wegen des Corona-Schutzes untersagt, obwohl alleine schon der Akt des Fahrens einen gewissen Mindestabstand fordert, der über dem für Corona liegt. Die Motorradfahrer demonstrierten dann aber dennoch gegen Fahrverbote an Sonn- und Feiertagen.

Der Kiri-Baum

Was so ähnlich wie ein Kindersnack klingt kann uns tatsächlich bei der Deckung unseres Holzkonsums helfen: Der Kiri-Baum.

Ursprünglich kommt er aus dem südost-asiatischen und japanischen Raum und kann bis zu 3 mal so viel CO^2 umwandeln, wie ein heimischer – obwohl er wie eine Palme nicht mehr als von einer Hand voll Blätter gekrönt wird. Im europäischen Klima kann allerdings nur eine einzige Kreuzung von ihm überleben; jene ist auch als Blauglockenbaum bekannt. Er wird bis zu 15 Meter hoch und wächst bis zu 10 mal schneller als eine Eiche. Nicht nur aufgrund seines geraden und langen Stammes ist es für die Weiterverarbeitung zu Möbeln geeignet. Das Holz ist nur sehr schwer entflammbar und hat keine Astlöcher. Er isoliert gut und kann so niedrige Temperaturen optimal abschirmen, weswegen er auch für den Wohnungsbau geeignet ist.

Nachwort

Wie sich zeigt gibt es sehr viele Möglichkeiten umweltbewusst zu leben, ohne sich einschränken zu müssen. In der Tat müssen wir unseren Blick verlagern, von dem Gedanken „was kann ich tun um der Umwelt zu helfen – wie kann ich mich einschränken" zu dem Gedanken „wie kann ich alles effizient und nachhaltig nutzen". Wir müssen vielmehr einen neuen Umgang mit den Gütern erlernen.

Wir leben in einer Welt in der wir alles in Hülle und fülle haben. Wenn wir etwas brauchen gehen wir in das Geschäft und kaufen es uns – oder bestellen es gleich online. Dadurch haben wie verlernt effizient zu leben. Wir müssen lernen nicht das CO_2 zu verschwenden, indem wir es in die Umwelt ausstoßen und dafür neue Kohlenstoffhaltige Antriebsmittel aus dem Boden raffen. Wir müssen lernen, das was wir haben so oft es geht und so effizient es geht zu nutzen, dann haben wir nach wie vor alles was wir brauchen und müssen uns in keiner Weise einschränken, während wir gleichzeitig der Umwelt etwas Gutes tun.

Und wir müssen das auch durchsetzen. Es bringt nichts in tausend verschiedene Richtungen zu laufen nach dem Motto – jeden Tag ein neuer Plan. Wir müssen erst überlegen was wir machen und wie wir das machen und das dann auch endlich einmal bis zum Ende durchziehen und nicht wie beim Recycling-System kurz vor dem Ziel stehen bleiben und keine Kontrollen einführen. Dann sind wir wirklich umweltbewusst. Eines dieser Konzepte wäre

Regionalität der Produktion vieler Produkte, die man kauft.
Leider kann nur auch das Siegel „Made in Germany" auf
Produkte vergeben werden, die im Endeffekt im Ausland
hergestellt und im Inland nur zusammengesetzt werden,
weswegen man als Käufer oft irritiert wird. Auch hier ist
auf einer Aktualisierung der Gesetzeslage zu hoffen.
Natürlich meinen viele, dass sich Regionalität bei vielen
Gütern nicht rentiert – allerdings auch nur, weil wir in
Fernost die Arbeiter Versklaven (Vielen Dank an dieser
Stelle an die SPD für ihr Drängen, die weitere Ausprägung
der auch wirtschaftlichen Globalisierung in den GroKo-
Vertrag einzubringen). Forschung und Entwicklung kann
auch weiterhin im globalen Stil betrieben werden, genauso
wie freundschaftliche Beziehungen. Beispiel: BMW. Sie
produzieren für den amerikanischen Kontinent vor Ort in
Mexico. Globalisierung geht sogar soweit auch im Einklang
mit Umweltschutz. Aber bevor wir die Möglichkeit haben
CO_2-Neutral Güter zu transportieren schüren wir uns
durch unsere Habgier unser eigenes „Höllenfeuer" des
Klimawandels. Zu großem Dank sind wir auch der Union
von CSU und CDU verpflichtet, dass sie sich soweit wie
möglich gegen Fahrverbote für Diesel-PKW und somit
gegen die Entrechtung von Armen und Senioren eingesetzt
haben, da gerade die Senioren zu Hauf auf ihr Auto für
Einkäufe angewiesen sind.

Der Autor

Quellen:

Bei den Quellencode nach <u>www.bit.ly</u> eingeben, um zur Quelle zu gelangen

Inhalt	Quellencode	Quelle

Eine Bewertung der Methodiken

Schifffahrt	3kRtm1k	Die Welt
Verbrauch von Diesel und Otto-Motoren	3ncFo7E	Statista
Luftfahrt	346Nrdr	Bundesverband der Deutschen Luftverkehrswirtschaft
Plastik	33frl96	Der Spiegel
	2Gl0AHD	Utopia
	3ji7KuH	The Guardian
	2GdxGJJ	Deutsche Welle (DW)
	36jd6lM	Die Welt
Elektroauto	36eb8TL	Neue Züricher Zeitung (NZZ)
	2ScFnCl	Frankfurter Rundschau (FR)
	3jdyVa8	Neue Züricher Zeitung (NZZ)
	BR Kontrovers – Wie die Politik die klimafreundlichen Motoren bremst (aus YouTube gelöscht)	

Folgenden Quellencode nach www.youtu.be eingeben.

	JcJ8me22NVs	Sky News
	pj7w4X6YH0I	Lisa Eckhart
	gIek3bi9qvs	ZDF
	adYn9JnMCN8	Der Fehlende Part
	RmZWjHULKdM	Bayerischer Rundfunk (BR)
	wMM86GNG-vc	Neue Züricher Zeitung (NZZ)
	Yu6vvXUT8Hw	Russia Today (RT)
	yu7hD2z530I	ZDF
	gIek3bi9qvs	ZDF
	ETU3H62PluA	ZDF
	QLXgM42HPns	Bayerischer Rundfunk (BR)

Fridays for Fanatismus – wie prophezeit:

	XTrKwlc0HqA	NDR

CO_2-Berechnungen:

CO_2	HzFTezBYWUI	Auto Motor Sport

Eco-Boost dank Toilettenpapier:

Folgenden Quellcode nach www.bit.ly eingeben

Redox-Flow-Batterie	36cWFHI	Handelsblatt

Das Ende von Ende Gelände?

	33fBCCc	MSN

Abflug in die Zukunft

	2S6ZQIN	Bayerischer Rundfunk (BR)
	2S9MlIf	Neue Züricher Zeitung (NZZ)

	30A8tAj	Frankfurter Allgemeine Zeitung

Der Kiri-Baum:

	2S76TRA	Grünes Geld
	34apq55	Helpster

Fridays for Future und Corona:

	3kZfaDs	Merkur
	3jdJNVi	Bayerischer Rundfunk (BR)

Jede Person hat das Recht auf freie Meinungsäußerung. Dieses Recht schließt die Meinungsfreiheit und die Freiheit ein, Informationen und Ideen ohne behördliche Eingriffe und ohne Rücksicht auf Staatsgrenzen zu empfangen und weiterzugeben. [...] Die Ausübung dieser Freiheiten ist mit Pflichten und Verantwortung verbunden

Europäische Menschenrechtskonvention, Abschnitt I – Rechte und Freiheiten Art. 10: Freiheit der Meinungsäußerung

MIX
Papier | Fördert
gute Waldnutzung
FSC® C083411

Zeitfracht Medien GmbH
Ferdinand-Jühlke-Straße 7
99095 Erfurt, Deutschland
produktsicherheit@kolibri360.de